DEVOCIONAL DE LOS ESCRITORES DEL REINO

"Tomando del Cielo, Escribiendo en la Tierra"

BRAE WYCKOFF

www.KingdomWritersAssociation.com

CONTENIDO

Devocional De los Escritores del Reino

"Tomando del Cielo, Escribiendo en la Tierra"

Reconocimientos por Parte de la Industria Profesional

Llena de pasión y guiada por el Espíritu, Kingdom Writers Association (KWA), en español, la Asociación de Escritores del Reino, ayuda a sus miembros a usar sus dones creativos para servir y honrar a Aquel que se los dio.

Lynn Vincent Autora #1 en ventas reconocida por el New York Times, por su libro *El Cielo es Real*

Cada bolígrafo, lápiz, máquina de escribir o computadora tiene la capacidad de escribir una obra maestra.

Sin embargo, ¡no necesita ser una obra maestra para ser significativa!

Cuando muestras tu fe, puedes cambiar un corazón.

Para mí, Brae y Jill Wyckoff son la personificación de la palabra de Dios en 1 Juan 4:16, "Dios es amor".

Brae ha pasado de ser un no creyente, a convertirse en discípulo literario de Dios.

Al expresar su objetivo de alentar a los escritores de todas las edades a contar sus historias, Brae está haciendo la labor para su Padre Celestial, ya que Dios usa la palabra escrita como un púlpito.

**Peter Berkos
Ganador de un Oscar y Autor**

Las historias pueden ser obras poderosas y maravillosas de la imaginación y la verdad. Sin embargo, hay que responder a una pregunta muy básica. ¿Puedo escribir una historia convincente e interesante? La respuesta es un simple sí, pero cuando lo haces, hay lecciones por aprender. Al escribir hay alegría, pero también hay reglas y pasos que conducen a escribir con éxito. Durante los últimos 2 años, he tenido la alegría de asistir a las reuniones mensuales de la Asociación de Escritores del Reino "KWA" y he experimentado el liderazgo y el ánimo de Brae Wyckoff. Él es un narrador magistral, consumado y es un maestro talentoso. El *Devocional de los Escritores del Reino* es una guía precisa y un regalo para los escritores a todo nivel. Aquí tienes el método para ponerte en contacto con Dios, el ¡Maestro Creador! Con aquel que te llamó a escribir. Paso a paso, Brae te brinda las herramientas que necesitas para lograr lo que el Señor ha planeado para tu obra. Recuerda, en realidad se trata de la obra de Dios a *través de* ti. Así que asóciate con Él y usa el libro inspirado de Brae, para enseñarte cómo hacerlo.

Lawrence A. Wood MD. Gremio de Escritores
Autor de la Serie de Crímenes, *Among Pigeons*

Si te sientes llamado a escribir, el devocional de Brae te dará la inspiración y el aliento para escribir la historia que Dios tiene en tu interior. Si eres escritor, querrás leer el *Devocional de los Escritores del Reino*.

Scott Evans
Presidente y CEO de Outreach Inc.

Brae no es solamente un escritor competente que puede tejer contenido entretenido y significativo, sino que tiene el corazón para preparar a otros para que hagan lo mismo. Este deseo de ayudar a una generación a crear y lanzar materiales, cambiará vidas y afectará al mundo. No puedo pensar en una persona más calificada y experimentada que Brae para asumir esta tarea. Este libro te inspirará, estimulará y te dará el impulso de confianza que necesitas, para dar el siguiente paso de sacar tu material, para que el mundo lo lea.

Brian Orme
Autor de *"The Ascended Life"*
www.iborme.com

Brae despierta y equipa a los escribas de hoy en día, con ánimo y entrenamiento para que cumplan sus sueños. Tal como lo haría un buen amigo que se une para aportarle sabiduría a tu travesía, verás que este libro es un poderoso compañero, y que Brae es una fuente constante de aliento a lo largo de tu proceso de escritura.

Rebecca Friedlander
Productora de Cine, Oradora y Autora de *"Finding Beautiful: Discovering Authentic Beauty Around the World"*

Brae Wyckoff es un contador de historias maestro, tal como lo demuestra su exitosa serie "Horn King" y su novela de ficción histórica, "Demons & Thieves". En su nueva obra, *Devocional de los Escritores del Reino*, desbloquea el proceso de escritura y lleva al lector a una comprensión más profunda de su tarea personal al escribir. ¡Este devocional práctico, le ayudará al aspirante a escritor a desarrollar sus propias ideas y a llevarlas hasta la meta!

Bob Hasson
Autor de *"Un Negocio de Honor"* **junto a Danny Silk**
CEO Hasson Inc.

Leer el *Devocional de los Escritores del Reino* de Brae Wyckoff fue como beber un gran sorbo de ánimo. Él escribe desde un lugar de convicción, pasión y deleite por la escritura y la creatividad, de modo que no puedes evitar quedarte atrapado en ese mismo espacio y deseo. De inmediato, me sentí inspirada a escribir, siguiendo sencillos pasos diarios que aportan enfoque, propósito y acción a la narración de tu historia. Como dijo alguien una vez: "Todo lo que realmente posees, es tu historia". Creo con todo mi corazón que el devocional de Brae le ayudará a cualquier aspirante a escritor, para que alcance el honor y el privilegio de poseer y escribir la suya.

Heather Nunn
Fundadora de One Sound
Directora the Sound of the Nations para EE. UU.

Según numerosas encuestas realizadas a lo largo de los años, al 80% de las personas entrevistadas les gustaría escribir. El número de los que han escrito es mucho menor que ese porcentaje. Estoy seguro de que las razones son muchas: déficit de confianza, miedo al fracaso, motivación insuficiente, escasez de compromiso y muchas otras.

Brae Wyckoff es un escritor con un talento excepcional, pero para tu beneficio, tiene una gran pasión y mucho talento para ayudar a los escritores emergentes a identificar y superar sus obstáculos personales, y así encontrar su lugar en el mundo de la escritura.

He leído muchos libros sobre escritura por parte de mis autores favoritos y me han inspirado y ayudado de muchas maneras. Sin embargo, el *Devocional de los Escritores del Reino* es único en su estructura y contenido. Desafortunadamente, hemos perdido el arte de contar historias, aunque lo asombroso aquí es que cada página de este libro, es una señal del compromiso de Brae, por ayudar al lector a resucitar este antiguo don.

Cerca del final de su vida y en la última carta para su hija, Abraham Heschel escribió estas palabras: "Las palabras crean mundos". Ese es el objetivo de todo escritor, crear un mundo nuevo para el lector, que lo lleve a lugares desconocidos, inspirándolo a ir más allá de lo común.

Esto es precisamente lo que hará el *Devocional de los Escritores del Reino,* te enseñará cómo crear un nuevo mundo, donde el escritor reemplace conceptos y frases comunes y predecibles, por otros inesperados e interesantes, que construirán un nuevo mundo para el lector.

En cada uno de ustedes, hay un contador de historias, un narrador. Brae te ayudará a encontrar tu camino.

Don Milam
Autor y Consultor, Whitaker House Publishers
Autor de *"The Ancient Language of Eden"*

A Brae se le ha ocurrido una idea brillante: un devocional muy innovador, diseñado específicamente para los escritores del reino. Es práctico y profético en medidas iguales. Es ideal para escritores nuevos y experimentados. En cada página, Brae ofrece joyas de sabiduría en cuanto al oficio del autor. ¡Ojalá se me hubiera ocurrido a mí esta idea!

Dr. Mark Stibbe
Autor de éxito en ventas, Escritor galardonado y Director Ejecutivo de www.thebooklab.co.uk

Con un corazón por los Escribas del Reino y el deseo de sacar libros de la "Bóveda celestial de historias", Brae Wyckoff ha creado un hermoso devocional que es práctico y alentador. "Reunir a todos los escribas del Reino y darles espacio para escribir" ha sido la asignación de Brae desde el principio, así como despertarlos para que cumplan sus propias asignaciones de parte de Dios.

Sin duda alguna, le recomiendo el *Devocional de los Escritores del Reino* a cualquiera que esté considerando escribir–así sea de lejos- un libro, un guion de película o una obra de teatro. Este material ¡cambiará por completo la trayectoria de tu vida! al seguir tu vocación como ¡Escriba del Reino!

Sherry Ward
Directora Ejecutiva de Square Tree Publishing

¿Cuántos de nosotros hemos sentido en nuestro interior, que Dios tiene algo importante que decirnos? Puede que incluso soñemos con plasmarlo en un libro algún día. Pero luego, como el pico repentino de una sobrecarga eléctrica, tal deseo se apaga y se desvanece en medio de la nada. Bueno, ¿qué te parecería leer un libro escrito por alguien que sabe cómo cambiar ese patrón? ¿Cómo te suena el hecho de tomar sus pensamientos inspirados y recibir comentarios sabios y aliento espiritual, para que te conviertas en uno de los escribas del reino de Dios, una de sus voces para un mundo hambriento y herido? Brae Wyckoff, presidente de la Asociación de Escritores del Reino (KWA, por sus siglas en inglés), ha escrito dicha joya. El *Devocional de los Escritores del Reino*, te iluminará con relación a la forma de abordar la "inspiración" que viene directamente del Espíritu de Dios, pasa por tu mente, tu corazón y se plasma en la página. Los capítulos están diseñados de manera corta y son fáciles de digerir, lo cual es perfecto porque contiene aquello que necesitas escuchar, trabajar y superar. Predigo que este recurso, será la guía para dar a luz a decenas de sueños del reino. Estamos hablando del tipo de obras que Dios ha ordenado de antemano para que tú y yo las hagamos, ¡esas que Él usará para bendecir y cambiar este mundo!

Gary Comer
Autor de *ReMission: Rethinking How Church Leaders Create Movement* and *Soul Whisperer: Why the Church Must Change the Way it views Evangelism*

¿Alguna vez has tenido uno de esos pensamientos o momentos en los que dijiste: "¡Ojalá hubiera sabido o tenido antes la información que tengo ahora!"? Eso fue justo lo que pensé cuando vi este libro devocional/instructivo de Brae. Yo escribí un libro. Se supondría que escribir con base en todos mis escritos anteriores, resultaría fácil, pero fue una de las cosas más difíciles que he hecho en mi vida. Este devocional podría haberme ayudado. Me encantó la sencillez de Brae, unida a su manera reflexiva de abordar la historia, para plasmar en el papel exactamente lo que desea transmitir, y la forma en que sus ideas son "traducidas" para que el escritor pueda seguir un camino probado y verdadero. Sentí como si Brae insistiera una y otra vez sobre un elemento clave: permite que el Espíritu Santo fluya a través de ti. Él *ES* el Espíritu de la verdad. Y, ¿acaso lo que quiere todo escritor no es escribir con honestidad y de corazón, -en especial- con un corazón que es guiado por Dios? Creo que este libro beneficiará y potenciará tu escritura, tanto si eres un escritor principiante o uno veterano.

Bill Dew
Ministerios Dewnamis, Inc.

¡Este devocional tan esperado para escritores, explotará en tu corazón! El nuevo libro de Brae Wyckoff, *Devocional de los Escritores del Reino: "Tomando del Cielo, Escribiendo en la Tierra"*, ¡es hábil en provocar que el lector profundice! Conozco a Brae y tiene un amor increíble por la gente y la escritura. Inspira y entrena a cualquier escritor, en cualquier nivel, para que se sumerja en las cámaras más profundas de la creatividad. A medida que permites que se desate una tormenta de escritura a través de cada activación y oración, surgirá un "momentum" poderoso. Este material es mucho más que un libro de instrucciones, es una herramienta potente. ¡Está repleto de encuentros que cambiarán tu vida y desentrañarán delicadamente las palabras de tu historia!

María Sainz
Cofundadora de Ministerios Red Seal, San Diego

En un mundo lleno de opiniones, es importante separar las conversaciones significativas del ruido común. En este devocional, Brae no solamente aborda de forma directa pensamientos e ideas, sino que también crea un espacio para que haya lugar para la conversación. Él es brillante en eso, en crear un espacio para que la gente inicie conversaciones... con otras personas y con Dios. Confío en que al leer estos devocionales, tu corazón se sentirá incitado a iniciar un nuevo diálogo. Y por supuesto, con la nueva conversación llegará una nueva aventura. ¡Feliz cacería de aventuras!

Pastor Craig Muster
Director de Awakening International Training & Reformation Center

Me encanta escribir porque creo que tengo algo que decir y tengo la esperanza de que mis palabras, inspiradas por el Espíritu Santo, beneficiarán a otros en su travesía por el Reino... así que trabajo en ello, de forma constante, y espero estar generando un impacto. Me han dicho que sí. Aunque me encanta escribir, el oficio no es fácil y hay momentos de desánimo y frustración ... así que estoy encantado de ver un libro como *Devocional para los Escritores del Reino,* que ayude a inspirar y animar a escritores como yo en su viaje. Este es un regalo maravilloso para el escritor cristiano.

Stan E. DeKoven, Ph.D., MFT
Presidente de Vision International
Autor de 51 libros y folletos hasta la fecha

¡Toda la gloria sea para Cristo Jesús, mi Señor!

¿De Qué Manera Te Beneficiará Este Libro, Como Escritor Del Reino?

ESTE DEVOCIONAL VIENE con una advertencia.
Si te sientes desanimado, deprimido, aislado, confundido y
en términos generales, no estás seguro de por dónde empezar,
prepara tu corazón para avanzar y romper tus barreras. Dondequiera
que voy en calidad de orador, la gente presente, es libre de tales cosas en
sus roles de escritores. Lo sé porque lo escucho una y otra vez después
de mis eventos. Hoy te hablo con confianza en el Espíritu Santo, que
trabajará a través de mí y dentro de ti, mientras lees este devocional.

Al interior de estas páginas no encontrarás un programa de lectura
como los de "Día 1- día 2", pero hallarás lo que el Espíritu Santo me ha
impartido a lo largo de los años, como Su Escritor del Reino. Algunos
capítulos serán un simple reflejo del pensamiento, mientras que otros
serán una profunda revelación de la Palabra de Dios. Tengo un don
muy fuerte para animar, y a lo largo de este libro, recibirás esa impartición a través de mis palabras, porque creo que el aliento, es el elixir de
vida para todos los escritores.

Este libro está destinado a ser disfrutado, como se disfruta una
buena taza de café o de té por la mañana. No te apresures, acoge cada
sección y ora antes de leer, para que Papá Dios te revele lo que necesitas
en ese momento. El Espíritu Santo es el MEJOR maestro.

Al final de cada devocional, verás lo siguiente: Oración y Acción.

Los elementos de acción están destinados a darte un empujón, para
que explores tu escritura con mayor profundidad o para que enciendas

tu imaginación. Algunas de estas acciones del devocional, como escribir en un cuaderno personal, un diario, o leer las Escrituras, deben realizarse varias veces.

La oración, indica que yo oro por ti de manera específica, sobre cualquier tema que acabemos de discutir, o puede tratarse de una oración para que la declares sobre ti mismo.

Recuerda, obtendrás de este libro aquello que implementes en ti. Es decir, si únicamente lees las palabras, pero no te comprometes a reflexionar, inquirir, meditar, orar, escuchar, aprender y poner en práctica los elementos de acción, obtendrás aquello con lo que cooperaste. Por ejemplo, yo puedo leer la Biblia sólo por leerla y tacharla como lo hago con las actividades de mi lista de cosas pendientes por hacer. PERO cuando me detengo y veo cada palabra, reflexiono sobre su significado, busco comprender la profundidad de lo que está escrito, entonces, hay algo que se deposita dentro de mí. Se mete en mis huesos, en sentido literal. Eso es lo que buscamos aquí, que este aliento se filtre profundamente en tus huesos, para que puedas convertirte en el Escritor del Reino que siempre estuviste destinado a ser.

Te bendigo y que disfrutes del Devocional de los Escritores del Reino: "Tomando del Cielo, Escribiendo en la Tierra".

¿Quién rayos es Brae Wyckoff?

En un mundo lleno de figuras notables, celebridades y gigantes cristianos, yo me preguntaría lo mismo.

Dios me ha guiado y sigue haciéndolo, a lo largo de una gran aventura para Su gloria. En 2016, Dios me llamó para ser uno de los líderes de su ejército de escribas. Se podría decir que soy parte de los de "Operaciones Especiales" del Reino, que vuela bajo el radar. Desde que tenía cinco años, las historias han cautivado mi corazón, justo en el momento que vi a Luke Skywalker mirando a lo lejos hacia soles gemelos, anhelando algo más. O cuando leía sobre los niños que descubrieron su destino, mientras vagaban por el mundo de Narnia y conocían a Aslan por vez primera.

Me embarqué en la travesía de la escritura en décimo grado. Mi profesora de lenguaje (inglés, N.T) me declaró el ganador de su concurso de cuentos, en un grupo de 30 estudiantes. No lo podía creer, y tampoco los demás. Yo era un niño hippy que jugaba en el equipo de fútbol de la escuela. Tenía notas medio decentes en todas mis clases, excepto en literatura, la cual estaba reprobando. La Sra. Henry dijo: "Brae gana, no por el contenido, sino por su historia". El contenido al que se refería era una deliciosa historia de terror, llena de descripciones grotescas. PERO ella anunció que había ganado por mi habilidad para contar una historia. A partir de ese momento, se despertó mi llamado a escribir.

Es necesario mencionar que, antes de descubrir la profundidad de la Palabra de Dios, yo era ateo. Le entregué mi vida a Jesús el 5 de marzo de 2000. Después de recibirlo en mi corazón, me devoré la Biblia en menos de siete meses. Pronto descubrí que Él había escrito sobre *mí*.

He aquí una de las cosas que me dijo. **Salmo 14:1 (NVI) Dice el necio en su corazón: "No hay Dios".**

Sí, es una locura pero es muy cierto. Dios me conocía. No hay duda de que Él escribió acerca de mí. Yo era ese necio. Y luego, me llamó y yo le respondí. Es un hermoso testimonio, pero eso es para otro momento. Mi punto es este: Dios escribe sobre todos nosotros. Para notarlo, basta con que veamos de manera distinta. Él nos enseña todas las cosas, incluso antes de que lo conozcamos de forma personal. **Salmo 71:17 (NVI) Tú, oh Dios, me enseñaste desde mi juventud, y aún hoy anuncio todos tus prodigios.**

Una noche, hace unos años, tuve un encuentro único con Dios al leer esta escritura. **Salmo 84:10 (NVI) "Vale más pasar un día en tus atrios que mil fuera de ellos".**

Oí que Él me decía que adaptara el versículo para que dijera lo siguiente: "Mejor es una historia tuya, que mil en otra parte".

Ahora bien, esto lo puedes leer de dos maneras. Mi historia es más importante que mil cuentos en otros lugares, o Su historia es más importante que mil cuentos en otros lugares. No creo que se trate de un *esto o lo otro,* sino de un *sí/y.* Son ambos. Al ver las historias de Dios, decimos que una historia Suya, es mejor que cualquier otra cosa. Pero, cuando Dios mira nuestras historias, dice que nuestra historia es la que es más importante que cualquier otra cosa. Él es un Padre amoroso que aprecia a sus hijos, y nuestras historias están en su biblioteca para que todos las vean. Está orgulloso de lo que hacemos para Él.

¿Te das cuenta de que eres una historia que se está contando? ¿Notas el valor que tienes, la autoridad que ejerces y la aventura que liberas a los que te rodean? ¿Cuál historia estás contando?

Introducción

Uno de los aspectos más importantes de una historia es el editor. El editor ayuda a darle forma al producto final. El editor te ayuda a decidir qué cortar y qué agregar.

Hablando con respecto a lo espiritual, en el mundo, nosotros tenemos dos editores, que compiten por nuestro "negocio". La pregunta es: "¿A quién le estás permitiendo editar tu historia?".

Muchos son víctimas de las mentiras de satanás (a quien yo llamo pequeño "s"). Después de todo, él es el gran engañador. Debido a esto, las personas le entregan los derechos de edición de sus vidas. Así, él está editando las vidas de los que están perdidos y también de los que creen. ¡En serio! Tú y yo, nos defendemos de forma constante, de las notas de edición de satanás. Si lo conoces mejor, entonces puedes ver con claridad lo que está haciendo y evitar sus maldades. Pero para conseguirlo, necesitas mantener tus ojos espirituales abiertos de manera activa, ante la realidad de la situación. Conservar tus ojos espirituales abiertos de forma activa, significa simplemente permanecer en la Palabra de Dios, porque su Palabra es una lámpara a nuestros pies (Salmo 119:105).

Romanos 12:2 (NVI) "No se amolden al mundo actual, sino sean transformados mediante la renovación de su mente. Así podrán comprobar cuál es la voluntad de Dios, buena, agradable y perfecta".

No te conformes con el patrón de este mundo. ¿Quién tiene el control de este mundo? Satanás, también conocido como el pequeño "s". Adaptarse a este mundo, es permitirle a satanás el acceso a la edición de nuestras vidas. El versículo dice que no te conformes, sino que te transformes al refrescar, revivir y restaurar tu mente. ¿Cómo? Veamos **Eclesiastés 2:13 (NVI)** "y pude observar que hay más provecho en la sabiduría que en la insensatez, así como hay más provecho en la luz que en las tinieblas". Me encanta la versión de The Message (el Mensaje, N.T), que dice: "Es mejor ser inteligente que estúpido". ¿Cómo y de dónde obtenemos la sabiduría?

Salmo 119:105 (RVR1977) "Lámpara es a mis pies tu palabra, y luz para mi camino".

La Palabra viva de Dios es la que nos guía, nos protege. Es el Espíritu Santo que vive dentro de nosotros, entrenándonos en todas las cosas (Juan 14:26). ¿Acaso no es Él el autor y consumador de nuestra fe (Hebreos 12:2)?

A través de este Devocional de los Escritores del Reino, permite que el Espíritu Santo te enseñe y te guíe; que no que sea yo el que lo haga. Te estoy compartiendo mi travesía, y a través de mi viaje, Dios te dará un empujoncito. Él abrirá los ojos de tu corazón y te dará una nueva revelación. Estoy impartiendo lo que Él me ha dado, para ayudarte a impulsarte hasta tu próximo nivel como escritor. Mi oración es que el "David que escribe" que está dentro de ti, se desate para tomar un bolígrafo y matar a los gigantes que tienes por delante.

¿Qué historia estamos escribiendo para el mundo?

¿Qué historia está escribiendo Jesús a través de ti, para que el mundo la vea?

Tu momento es ahora. Naciste para esto. Respira profundo y deja que Dios abra tu corazón un poco más, para que Sus habilidades para contar historias, vayan más allá de lo que alguna vez pudieras haber imaginado. El escritor que sueñas ser ya está ahí. Dios depositó la "ordenación" como escribano dentro de ti antes de la fundación del mundo, y ahora es momento de colaborar con el Espíritu Santo.

"Cada uno de nosotros tiene una __tarea de escritura,__ y las páginas del destino se ciernen ante nosotros. En nuestra mano, tenemos la pluma de la verdad, llena de la tinta del Espíritu Santo". - **Brae Wyckoff**

Primera Sección:
Llamado a Escribir

CAPÍTULO 1
LA OBRA DE DIOS

Efesios 2:10 "Pues somos la obra maestra de Dios. Él nos creó de nuevo en Cristo Jesús, a fin de que hagamos las cosas buenas que preparó para nosotros tiempo atrás".

¿DIOS TE HA llamado a escribir? No puedo hablar por todos los demás, pero sé que si no escribo las historias que están dentro de mí, me siento incompleto. A esto le doy el nombre *del Llamado del Escriba*. Hay un llamado para nosotros, los escribas, que hala de nuestro corazón, para que aquello que está dentro de nosotros se libere. ¿Por qué? Mira el versículo anterior de Efesios. Nosotros *somos* la obra de Dios. ¡Huy! Eso en sí ya es suficiente. ¡Pero Él sigue! Fuimos creados en Cristo Jesús para hacer buenas obras. ¡Huy doble! Pero espera, todavía hay más. Dios dispuso de antemano que hiciéramos buenas obras. ¿Me estás tomando el pelo? Esto es música para mi corazón y mi alma. Dios literalmente nos preparó para hacer tales cosas. De forma inconsciente, nosotros nos adentramos (incursionamos) en nuestro llamado, en dicha preparación, para hacer las cosas que fuimos llamados a hacer. Para un escriba es, o debería ser obvio, que ¡tiene que ESCRIBIR!

Es hora de dar un paso hacia tu destino y permitir que tu voz se escuche. Tú *eres* la obra de Dios, y lo que Él crea no es de calidad inferior. El enemigo quiere que pienses que no eres suficiente, que no tienes lo que se necesita. Quiere que te compares con los demás para señalar tus defectos, ¡PERO DIOS! es quien posee la última palabra, no la tiene el enemigo que te miente. Fuiste creado en Cristo Jesús, por tu creador, ¿para que hicieras qué cosa? ¡Buenas obras! No cualquier obra buena, sino obras específicas para ti, formadas en ti, de antemano.

Me encanta la traducción de la Biblia de la Pasión para este mismo versículo:

Nos hemos convertido en su poesía, un pueblo re-creado que cumplirá el destino que nos ha dado a cada uno, porque estamos unidos a Jesús, el Ungido. Incluso antes de que naciéramos, Dios planeó de antemano nuestro *destino* y las buenas obras que haríamos para *cumplirlo*. (Traducción espontánea, N.T).

Leer versículos como este, resulta muy increíble. Él pensó en nosotros. Permite que esto se filtre en tus huesos. Imagina que Dios te conocía, incluso antes de que fueras concebido. Él planeó tu destino Y las buenas obras que harías para cumplir con dicho propósito.

¿Acaso esto no te produce asombro?

Ahora bien, Efesios 2:10 requiere acción de nuestra parte. Me refiero a las buenas obras que "nosotros" "haríamos" para cumplir con nuestro llamado. Dios hizo su parte. Ahora debemos hacer la nuestra. Para un hijo del Altísimo, este es un gran manto, pero para los creativos (en especial para nosotros los escribas), esto puede significar mucho más. ¿Puedes sentir la agitación dentro de ti para que escribas? Versículos como estos son la chispa necesaria para encender el destino contenido en tu interior. Tienes un destino del tamaño de Dios, que aguarda para cobrar vida. Pese a que el mundo tira de ti y de mí constantemente, con el fin de que vayamos en pos de un destino mundano, uno superficial, sin forma y sin esperanza; nosotros simplemente le decimos, "¡SÍ!" a lo que Dios tiene reservado para cada uno de nosotros. Debemos entrar en escena y caminar hacia nuestro destino. Sentarse en el sofá y decir: "Dios, dime qué es lo que quieres que haga", para esperar después mientras vemos televisión o hacemos cualquier otra cosa mundana, no va a ser suficiente. Necesitamos ir en pos de nuestro llamado de forma activa. El "pequeño s" quiere que permanezcamos en una agenda, en la que todos los días repitamos las mismas cosas. Es hora de que eso cambie. De hacer algo diferente. Haz algo que te inspire, y ten la intención de escuchar lo que Dios tiene para decirte durante ese tiempo. La inspiración es una puerta para el avance. El ánimo es la puerta.

Mantente enfocado en el destino que Dios diseñó específicamente para ti. Ese que está integrado en tu ADN. Toma del cielo y escribe en la tierra.

Mi Oración por ti, lector: Señor, bendigo al lector en tu poderoso nombre. Deja que tus palabras se filtren profundamente en su corazón, al punto de que rompan cualquier mentira que le diga que no es lo suficientemente bueno, que no tiene importancia. Señor, te damos permiso para que escribas tu verdad en nuestro corazón, aquella que declara que nos diseñaste a la perfección y planeaste con ANTICIPACIÓN nuestro destino, y los libros que escribiríamos en tu nombre. Te amamos, Dios, y alabamos tu santo nombre.

Acción: Lee Efesios 2:10 y decláralo sobre ti cada día, durante los próximos 30 días. Memorízalo. También puede ser útil que todos los días escribas el versículo, para que te ayude a recordarlo.

CAPÍTULO 2
TE ENVIARÉ ESCRIBAS

Mateo 23:34 (RVR1960) Por tanto, he aquí yo os envío profetas y sabios y escribas; y de ellos, a unos mataréis y crucificaréis, y a otros azotaréis en vuestras sinagogas, y perseguiréis de ciudad en ciudad.

PARA COMBATIR TODO el mal que se está liberando en el mundo, Dios está liberando profetas, sabios y escribas.

Yo hablé acerca de este pasaje en la Conferencia de Creatividad del Reino en 2017 (*Kingdom Creativity Conference,* por su nombre en inglés, N.T). Mateo 23 se refiere a los Siete Ayes de los Escribas y Fariseos. Tómate un momento para leer Mateo 23:1-33. Puedes leer cualquier versión (o todas), lo cual es una buena idea, aunque en realidad, el Señor me indicó que leyera la ESV (English Standard Version) para esta enseñanza en particular.

Ahora bien, ¿cómo te sientes al final del versículo 33? ¿Alentado? Probablemente no. Esta es una palabra dura de parte de Jesús para los escribas y fariseos. Pero lee el versículo 34.

En dicho versículo hay una palabra que se encuentra otras 526 veces en el Nuevo Testamento: "por tanto". En griego, esta palabra se traduce como "oun". Con frecuencia, "oun" es traducida como *"por lo tanto",* que significa *"Por extensión,* así es que se conectan los puntos". Los versículos 1 al 33 son verdades brutales sobre dónde era que estaban los escribas. Luego, en el versículo 34, Jesús dice: "Por tanto". O "así es como se conectan los puntos: les envío profetas, sabios y ESCRIBAS".

Dios está liberando en el mundo a los Shawn Bolz, Él está liberando en el mundo a los Ravi Zacharias, ¡Él está liberando en el mundo a los Escritores del Reino (a ti)!

¡Emociónate! ¿Si ves? Eres parte de este versículo. Él escribió esto pensando en ti y en mí. Es hora de tomar tu arma (bolígrafo) y de luchar (escribir). Cada día en el mundo, se publican libros horribles. Algunos foros han sugerido que tan solo en Amazon, diariamente se publican entre 1.000 y 5.000 libros. Nuestra tarea es combatir este mal con la revelación del Reino, con historias del Reino. Este es tu momento. Esta es tu temporada. Fuiste ubicado de forma estratégica donde estás, por una razón. Sea lo que sea aquello que te arroje el enemigo de este mundo, trátese de un acto horrible en tu contra, la ausencia de uno de tus padres en tu vida, algún tipo de adicción, dolor, sufrimiento, o cualquier otra cosa, Dios quiere y puede redimirlo. Él te envió. Mira de nuevo el versículo 34, pero míralo en sentido individual. Reemplaza la palabra "escriba" por tu nombre. Personalízalo. Y cuando lo hagas, aprópiatelo. Escribe con una pasión santa, y hazlo con Dios.

Oración: Dios, gracias por enviarnos. Gracias Señor, por llamarnos como tus escribas. Oro para que cada uno de nosotros esté a la altura del llamamiento que nos has hecho, y escriba con una pasión santa que glorifique tu nombre. Oro para que se levante un ejército de Escribas del Reino, para que escriba los libros galardonados, alcance a más personas para Cristo, entrene a otros como escribas en tus caminos y traiga un avivamiento como no lo habíamos visto nunca antes. Permítenos enfocarnos como tu Escriba del Reino para promover tu nombre, al tiempo que Tú nos levantas ante los ojos del hombre. Que así como Jesús crecía en favor con el hombre y con Dios, también nos suceda eso.

Acción: Escribe el versículo 34 en tu cuaderno de apuntes personales. Luego, escribe el mismo pasaje, pero personalízalo agregándole tu nombre.

CAPÍTULO 3
IMÍTAME

Efesios 5:1 "Por tanto, imiten a Dios en todo lo que hagan, porque son sus hijos amados".

L A MAYORÍA DE nosotros mira este versículo y dice: "De acuerdo, imita a Dios en todo lo que haces". Al instante, pienso en sanar a los enfermos, expulsar demonios, resucitar a los muertos, ¿verdad?

Pero, ¿y el acto de escribir qué?

Hay una respuesta simple al respecto. Voy a plantearla en forma de pregunta.

¿Acaso Dios no escribió la Biblia?

Como escritor, este es uno de mis versículos favoritos. Hablé sobre él, durante la Conferencia de Creatividad del Reino de 2018, en San Diego (California, USA). En la Traducción de la Pasión, dice: "Sean imitadores".

Este es un desafío para nosotros. Imitemos a Dios en TODO lo que hacemos. Dios escribió el Libro de todos los libros. Desde que se imprimió por primera vez, la Biblia ha sido el éxito de ventas número uno. En promedio, vende 50 libros por minuto, con un estimado de 6 mil millones de copias vendidas (y contando). Dicho pasaje es un desafío del tamaño de Dios, para que como escribas, nosotros lo imitemos a Él. ¿Sabías que a Dios le tomó más de 1.500 años escribir la Biblia? Usó 40 escritores, abarcando 40 generaciones, que constaban de 20 ocupaciones, se escribió en 10 países, que cubren más de 9.656

kilómetros aproximadamente. Ahora bien, puede que haya 40 escritores, PERO solo hay UN autor.

Él es el Autor y Consumador de nuestra fe.

¡Él colaboró con nosotros, Su creación, para crear Su palabra escrita! Y su Palabra permanece para siempre. Volvamos al desafío. ¿Te gusta un buen desafío? Bueno, aquí está el desafío supremo... ¡Imita a Dios!

Así es, escribe el mejor libro que puedas crear, pero hazlo con Dios, no solo. Ya ves, Dios colaboró con nosotros para escribir Su libro. ¿Por qué no haríamos nosotros lo mismo? ¿Cuál sería una posible razón para dejarlo a Él por fuera? Debemos imitarlo en TODO lo que hacemos. Así que escribimos nuestros libros, o cualquier tarea de escritura, con Él.

Este mundo gime por la próxima historia (buena, mala o fea). Somos una máquina devoradora de historias, siempre con deseo de que se cuente el próximo relato. Tu historia podría ser una de las buenas, o una de las de Dios, que viene directamente del Cielo. Para ello, se necesita un corazón abierto que esté listo para recibir y trabajo duro. Sí, trabajo *duro*.

RECUERDA, PUEDE QUE EL DESARROLLO DE TU HISTORIA, TOME ALGÚN TIEMPO.

Dios quiere que aumentemos nuestras habilidades, que continuemos desarrollando nuestra escritura y que recibamos la capacitación adecuada. Puede que publiques uno o dos libros, antes de que Él considere que estás listo para una historia del Reino, que aguarda en el cielo, a la espera de que un Campeón Contador de Historias se encargue de ella. No te rindas. Sé fiel a tu llamado. Si Él te ha llamado, no dejes que nada se interponga en tu camino (especialmente lo que te arroje el enemigo). Él es tu Rey. Él es tu Dios. Tus ojos están enfocados en Él. Dale espacio para hablar.

Desafío de Oración: Haz esta oración si crees que estás listo. Te preparará para que pienses en las cosas celestiales, tal como se nos indica que hagamos.

Señor, bendíceme con TU historia. Quiero escribir lo que ningún oído ha oído, ni ningún ojo ha visto en este mundo. Envíame la historia que quieres que escriba contigo. Permite que glorifique tu nombre y no el mío. Oro para que abras la "Bóveda de las Historias" del cielo y me la envíes. Soy tu escriba, estoy dispuesto. Que mi pluma se convierta en un arma poderosa para que lo que no se ve, pase a ser visto. Te pido esto con humildad, en el nombre de Jesús.

Acción: Haz la oración anterior y luego cierra los ojos. Concéntrate, mientras te imaginas a ti mismo en el cielo, dentro de la "Bóveda de las Historias". A medida que se te ocurran imágenes, escríbelas en tu cuaderno de apuntes, o en tu diario. Haz una lluvia de ideas con Dios. Algo de lo que escribas, podría ser el título de una historia. Puede que Él te guie a leer un pasaje en las Escrituras, para darte una nueva revelación. Escribe todo lo que veas. Primero, necesitamos la semilla de una historia, y Dios quiere plantar esas historias dentro de nosotros.

CAPÍTULO 4
SE NECESITA PASIÓN

1 Corintios 9:24 "¿No saben que en una carrera todos los corredores compiten, pero solo uno obtiene el premio? Corran, pues, de tal modo que lo obtengan".

E SCRIBIR UN LIBRO no se da por sí solo, para culminarlo, se requiere de perseverancia, disciplina y pasión.

Piensa en ello como si se tratara de perder peso. Implica que vayamos al gimnasio y que nos esforcemos de manera constante, no una o dos veces, sino que hagamos un cambio de estilo de vida para bajar de peso y no recuperarlo. Lo mismo sucede con la escritura de un libro. Necesitamos sentarnos en una silla y escribir de continuo todos los días, hasta que se convierta en un estilo de vida.

Este versículo bíblico, nos muestra que hay muchos corredores, pero solo UNO se lleva el premio. ¿Eres uno de los que han renunciado al premio porque el asunto es demasiado difícil? ¿O estás dispuesto a dar cada paso, uno a la vez, hasta que estés corriendo la carrera? No cualquier carrera, sino la *tuya*. Esta es tu vida. Este es tu momento.

La última parte del pasaje, dice que corramos de tal manera que obtengamos el premio. Para conseguir el premio, necesitamos posicionarnos. El posicionamiento requiere de nuestra "cara del juego" (como la que proyectan los deportistas, N.T). Implica una postura emocional, una determinación, un deseo que trascienda todos los demás. Cuando tenemos un libro que necesita ser escrito, él no va a escribirse solo. Necesitamos correr de manera que se alinee con el llamado que tenemos como escribas, y que se cruce la línea de meta.

En la última parte del versículo hay otra faceta. Se refiere al reque-rimiento de correr "tu" carrera. No cualquier carrera, sino correr de tal manera que te represente. Cada uno de nosotros es único. No hay nadie en el mundo como tú, ni ahora, ni en el pasado, ni en el futuro. Dios te colocó de manera estratégica en este tiempo, en este lugar, en la familia a la que perteneces, en el mundo en el que vives, etc.

Reemplacemos la palabra correr por la palabra "escribir".

Escribe de tal manera que obtengas el premio.

Aunque todos escribiéramos sobre el mismo tema e incluso dijéramos la misma frase inicial, todos resultaríamos con algo distinto. No escribiríamos lo mismo. ¿Entiendes? ¿Te das cuenta del verdadero poder, de la persona que eres como escritor? Dios te ha llamado a escribir. Es hora de responder a Su llamado y de escribir de tal manera que se obtenga el premio.

Si no hablamos, no se escuchará nuestra voz. Si no escribimos, entonces el mundo se perderá de escuchar acerca de Dios, a partir de nuestra identidad única y particular en Cristo. No se trata de ti, aunque al mismo tiempo sí. Tiene que ver con que nos presentemos y cumplamos con nuestra asignación, nuestra asignación de Escritores del Reino.

Oración: Señor, Dios Todopoderoso, te alabamos y te agrade-cemos por nuestra voz, aquella que es única y que tenemos como escritores. Queremos colaborar contigo para escribir y representar tu Reino. Gracias por enviarnos. Gracias por llamarnos como tus escribas. Bendice las palabras que unimos para formar una frase. Bendice las oraciones que ligamos para formar una historia. Bendice nuestras mentes, mientras creamos mundos con nuestras palabras, en el nombre de Jesús.

Acción: Escribe una frase cada día de esta semana. No dejes de hacerlo ni un solo día. Al cabo de siete días, tendrás un párrafo. En la segunda semana, escribe dos oraciones cada día. Una frase al día, es similar a ponerse los zapatos deportivos para salir a correr. Estás preparando tu mente para la carrera que te espera. Como corredores, debemos prepararnos. Escribir dos oraciones al día es como hacer estiramiento después de ponerse los tenis. Le estás haciendo saber a tu cuerpo que se prepare. Es hora de correr.

CAPÍTULO 5
DIOS TE ELIGIÓ

Juan 15:16 (TPT) "Tú no me elegiste, sino que yo te elegí y te comisioné para que vayas al mundo y des fruto. Y tu fruto durará, porque todo lo que le pidas a mi Padre, en mi nombre, ¡él te lo dará!".

DIOS TE ELIGIÓ y te autorizó para ir al mundo, y producir resultados positivos con tu escritura.

Veamos la palabra "comisionó". He aquí la definición: *dar una orden o autorizar la producción de (algo, como un edificio, una pieza de equipo o una obra de arte).*

Siéntate y piensa al respecto. ¡Huy! Ese es un gran encargo de parte de Dios. ¿Te das cuenta de que Él nos eligió para esta asignación? Fuimos elegidos. Fuiste escogido.

Observa la siguiente parte del versículo, "fruto que durará". Tu historia perdurará. Permanecerá. Se transmitirá de generación en generación. Esta frase va mucho más allá, es más profunda todavía. Habla de la esencia de lo que liberarás. Tú tienes la autoridad para pedirle al Padre, que te dé el poder de cambiar vidas cuando lean tu obra. A través de tus palabras, puedes generar una impartición sobrenatural. Podrías tocar a ese lector, a aquel que cambiará el mundo de la mejor manera posible, por causa de que lee *tu* obra. Es algo increíble.

Imagínatelo. Un joven adulto que se acerca a ti con lágrimas en los ojos, te habla de tu libro. Esto me ha sucedido muchas veces con mis historias y nunca pasa de moda. Se me acercan para hablar sobre una escena específica que los conmovió profundamente. Durante su explicación, las lágrimas caen con plena libertad. ¿Qué fue lo que provocó ese encuentro o esas lágrimas? No se trató únicamente de una buena frase o de la historia. Allí está presente la impartición que recibimos de Dios para escribir. Él nos comisionó. Nos dio autoridad. "Tomamos del Cielo y escribimos en la Tierra", lo cual es poderoso y duradero. Es por eso que los lectores que se encuentran con nuestros Escritos del Reino, se sienten conmovidos de una manera tan potente.

Piensa más allá del aquí y ahora. Piensa en un momento, una vez hayas partido, en el que el Espíritu Santo guíe a una persona a leer tu obra. Quizás esté a punto de suicidarse, y Dios lo guía hasta ese libro cubierto de polvo, en alguna tienda de segunda mano. Ellos lo leen. Dios transforma su vida al leerlo. Acepta a Cristo en su corazón. Encuentra su identidad como ciudadano del Cielo. Terminan cumpliendo con su tarea y se convierten en el próximo Billy Graham.

No demerites lo que Dios hará con tus escritos. Sé obediente y responde al llamado que tienes en tu vida.

Oración: Señor, gracias por comisionarnos. Gracias por llamarnos por nuestros nombres. Gracias por elegirnos como tus escribas del Reino. Oro para que te representemos bien. Oro para que nuestras historias impacten los corazones de los hombres y mujeres más endurecidos del mundo. Oro para que nuestras palabras liberen a la gente de manera sobrenatural, venden a los heridos, expulsen demonios y, en última instancia, abran los corazones para que ingrese tu amor invasor.

Acción: Escribe en tu cuaderno de apuntes personales el versículo anterior y luego anota lo que sientes que este pasaje te habla de forma personal. Dios te escogió. ¿Por qué? Dios te comisionó para dar fruto. ¿Qué tal te suena eso? Es un fruto que durará. ¿Qué estás plantando?

¿Qué tipo de fruto quieres dar?

CAPÍTULO 6
¡DESPIERTA!

Apocalipsis 3:2 (TPT) "Despierta y fortalece todo lo que queda antes de que muera, porque no he hallado que tus obras sean perfectas ante los ojos de mi Dios".

NUESTRA ESCRITURA DEBE ser lo más excelente posible, para presentarla ante el trono de Dios.

¿Acaso esto no es un llamado a las armas? ¡Despierta! ¡Fortalece TODO lo que queda antes de que muera! Expón tu trabajo ante Él y pídele que queme las impurezas que haya al interior de tus páginas.

Para que los creyentes estén en la corriente principal del mercadeo, en realidad debemos despertar y fortalecer nuestro trabajo. No estoy diciendo que nos ajustemos a lo que quiere el mundo, lo que digo es que tenemos que escribir las historias que Dios quiere que escribamos, y hacerlo con excelencia.

He visto a escritores llegar al final de sus proyectos y pensar: "¡Ah, la perfección!". Pero a pesar de su diligencia y dedicación, se sintieron profundamente humillados cuando su obra se rechazó, recibió malas críticas o sus ventas fueron pésimas. Busca personas que critiquen tu trabajo antes de que se publique, y mantente abierto a la posibilidad de realizar una edición exhaustiva. No estoy hablando de que tu mamá lea tu obra, sino de personas que te den una crítica buena y sólida sobre tu libro. (Lo siento mamás, pero nos aman tanto que les cuesta decirnos la verdad que necesitamos escuchar). Cada persona tiene una opinión y lo que tú necesitas oír son tales apreciaciones. Consigue amigos en los que confíes e incluso personas que no conozcas muy bien y pídeles que te den su opinión. No puedes complacerlos a todos, pero estás en busca de comentarios que giren alrededor de la misma área de la historia, o de un hilo conductor. Dichas áreas, son las que tendrás que examinar con detenimiento y desarrollarlas más.

Perfecciona la historia para que se convierta en una obra maestra. No puedes ser un Escriba del Reino y tratar a tu trabajo como un pasatiempo. Haz que tu tiempo para escribir sea tan importante, como levantarte cuando suena el despertador y salir a trabajar todos los días.

> PULE LA HISTORIA PARA QUE SE CONVIERTA EN UNA OBRA MAESTRA.

Sí, Dios te dio la historia, lo entiendo, PERO ahora es importante administrarla con sabiduría y avanzar con excelencia. Por supuesto que Dios estará contigo, pero no asumas que lo que escribiste es perfecto tal y como está. Un buen autor les pide a varios lectores beta que brinden comentarios sólidos y honestos. Una vez que dichos comentarios por parte de los lectores beta son tenidos en cuenta, el paso final es CONTRATAR a un editor profesional. No te saltes esta última parte. Es imperativo que produzcamos una obra de calidad, un trabajo que supere lo que se encuentra en el mercado actualmente.

Oración: Gracias, Dios. Gracias por impulsarnos a ser excelentes escritores. Gracias por mostrarnos cómo hacerlo, al escribir el Libro de todos los libros. Oro para que te sigamos y nos dediquemos a escribir para tu Reino. Permite que nuestros escritos sean una bendición para Ti, y en este preciso instante, te damos permiso para corregirnos, guiarnos y mostrarnos dónde debemos hacer cambios. Escribimos porque te amamos. Escribimos porque nos diste el don para ser tus escribas. Gracias por llamarnos y gracias por creer en nosotros.

Acción: Escribe una historia corta de no más de tres páginas, y luego pídele a alguien que la lea y te dé su opinión. Acepta los comentarios y vuelve a escribirla, utilizando sus sugerencias como mejor te parezca. No tienes que hacer cambios en todo lo que dicen, pero revisa y reflexiona acerca de los comentarios que te hicieron.

La historia puede ser sobre cualquier cosa. Esta es una sugerencia de una premisa para escribir: "Eres el apóstol Pedro en una barca en el mar de Galilea. Hay una tormenta violenta y, a través de la lluvia, ves lo que parece ser un fantasma que se acerca a ti y a tus amigos. Escribe una historia que describa lo que ves, sientes y oyes. Escribe tu historia desde el punto de vista de Pedro. Escribe desde su perspectiva".

Si ya tienes escrito algo, como tu proyecto, imprime de uno a tres capítulos, y pídeles a algunas personas que los revisen y te den su opinión.

CAPÍTULO 7
¿UN LIBRO O DOS?

2 Pedro 3:1 (NBLA) *Amados, esta es ya la segunda carta que les escribo, en las cuales, como recordatorio, despierto en ustedes su sincero entendimiento.*

PUEDE QUE PIENSES que en tu interior hay un solo libro. Puede que pienses que la historia de tu vida es todo lo que tienes. Puede que pienses que vas a escribir un único género, como yo.

De hecho, este libro será mi séptimo libro publicado y se convertirá en mi cuarto género. Yo inicié escribiendo fantasía épica y creía que eso era todo lo iba a escribir. Después, escribí un libro para niños, uno de ficción histórica y ahora uno que no es ficción.

¿Cierto que necesitamos que nos recuerden las cosas, no una sino muchas veces? ¿No es verdad que necesitamos escuchar el mismo sermón a través de múltiples voces y múltiples perspectivas, para que llegue a nuestros huesos? Me encanta cuando los escritores se me acercan y me dicen que tienen un solo libro. ¡Sonrío y les animo a sacar dicha obra! Pero sé, que sé, que están llamados a más. Puede que escribamos ese libro, pero el llamado interno no desaparecerá. Nuestro llamado nos impulsa a un mundo de maravillas, aunque un llamado descuidado, se convierte en un peso inquietante que recae sobre nosotros. Cuando ejercitas tu destino, te trae vida. Lo mismo ocurre cuando eres un Escritor del Reino.

Está bien concentrarse únicamente en un libro, sin que lo que aguarda te atrape. De hecho, no deberías enfocarte en el siguiente escrito, si todavía no has lanzado el primero. Publica ese primer libro.

Para aquellos de ustedes que han publicado su primera obra y pensaron que eso era todo, que terminaron, los desafío a leer el versículo anterior de nuevo, a orar y escuchar lo que dice el Espíritu Santo.

Una vez Escriba, siempre Escriba.

Oración: Gracias por los muchos capítulos de nuestras propias vidas. Oro para que los capítulos que Tú has escrito en nuestros corazones, se transcriban en varios libros. Báñanos de historias del Reino. Desafíanos a escribir y producir obras para las generaciones venideras. Tú nos llamaste para ser Tus escribas. Permítenos escuchar ese llamado. Permite que nos levantemos al nivel del desafío y demos el fruto en Tu glorioso nombre. Es un privilegio escribir para Ti y contigo. Que así como el aire que respiramos, permítenos darles vida a los demás con las palabras que fluyen desde nosotros y se plasman en la página. Lo declaramos, en el nombre de Jesús.

Acción: Escríbete una carta. En esta carta, indica tus objetivos como Escriba del Reino. Menciona el libro que estás escribiendo y el propósito de dicha obra. A continuación, escribe sobre otro libro en el que todavía no hayas pensado. Puede ser una idea, o podrías simplemente decirte a ti mismo que deseas escribir otro libro después de ese, pero que no sabes de qué trata.

Ahora, sella la carta depositándola en un sobre. En la parte exterior, escribe que debes abrirlo en un periodo de 1-3 años (coloca la fecha 1-3 años después del día en que escribiste la misiva). Luego guárdala en un lugar seguro. Cuando pase el tiempo acordado, te sorprenderás por lo que Dios ha hecho con tu corazón dispuesto. Él responderá incluso a las oraciones que ni siquiera has hecho.

CAPÍTULO 8
PASEMOS AL OTRO LADO

Marcos 4:35 (RVR1977) Aquel mismo día, al atardecer, les dijo: "Pasemos al otro lado".

TE HAGO ESTA pregunta, como un escritor que has sido llamado a escribir: "¿Qué es lo que se interpone en tu camino?".

Para nosotros como escritores, y como creyentes en general, este es un versículo fantástico.

¿De qué estás hablando Brae? ¿En qué sentido aplica con respecto a mi escritura?

Bueno, analicémoslo un poco. Se presenta cuando Jesús y sus discípulos están a punto de enfrentar una gran tormenta, del tipo que habían experimentado los pescadores que incluso temían por sus vidas. ¿Qué estaba haciendo Jesús? Estaba descansando. No, no solamente descansaba, dormía. Era tan profunda su manera de dormir, que los discípulos tuvieron que despertarlo. Esta pregunta nos la hacemos todo el tiempo, "¿Por qué estaba durmiendo Jesús?". Podríamos conformarnos simplemente con el hecho de que Él es Dios y que no interesa, pero esa no es la manera correcta de pensar. Jesús hizo todo a propósito.

Observa de nuevo lo que dijo: "Pasemos al otro lado". No fue un mero comentario. Jesús no pensó ni dijo lo siguiente: "Oye, estoy aburrido, así que saltemos a este bote y veamos qué hay por allá". No, Jesús estaba haciendo una afirmación. Una declaración. Estaba repitiendo lo que el Padre le había dicho. Pasa al otro lado. Jesús estaba durmiendo, porque sabía que nada podría impedirle llegar al otro lado.

En mi novela histórica de ficción, *Demons & Thieves* (Demonios

& Ladrones, N.T) yo escribí sobre esta escena de manera específica. Los dos hombres endemoniados de la orilla de Gerasa (al otro lado del camino) sabían que Jesús venía. Trajeron la tormenta para que se posara sobre los hombres que estaban en la barca, con la esperanza de evitar que Jesús y los discípulos llegaran hasta su lado. Y bueno, Jesús calma la tormenta, mira a sus discípulos y qué les pregunta: "¿Todavía no tienen fe?".

Aquí surge la pregunta: ¿Qué es la fe?

Hebreos 11:1 dice: "Es, pues, la fe la certeza de lo que se espera, la convicción de lo que no se ve".

Cada hombre que estaba en la barca había escuchado decir a Jesús: "Pasemos al otro lado". La tormenta los distrajo y los apartó de esta verdad. La tormenta trajo sobre ellos el miedo, y el temor se apoderó del grupo. Nuestra fe no está puesta sobre aquello que se ve, sino que reside en lo que no se ve. La fe, es la confianza y la seguridad en lo que esperamos, que todavía no vemos. Jesús había dicho que iban para el otro lado. No había nada que pudiera detener esto.

¿Qué pasó cuando llegaron al otro lado? De inmediato, se encontraron con el demonio llamado Legión. Considera esto: el demonio llamado Legión no era la misión de Jesús. La misión siempre consistió en los hombres poseídos por demonios, y Legión se paró en SU camino. Esto es poderoso. No fue una casualidad que estuviera allí. Jesús fue enviado en una misión. Expulsó al demonio y luego continuó con Su misión.

¿Estás permitiendo que las tormentas de la vida traigan miedo y duda sobre tu escritura? ¿Te estás enfocando en tu situación, en vez de poner tu mira en la promesa? Dios te dijo: "Vamos, pasemos al otro lado". Como un Escritor del Reino, llamado a escribir, Dios te está diciendo: "Dale, escribamos ese libro". Y si Él lo está diciendo, entonces yo te hago esta pregunta una vez más: "¿Qué se interpone en tu camino?".

Oración: Señor, bendice nuestras mentes, nuestros corazones y nuestros cuerpos mientras navegamos por el vaivén de la vida, por sus olas. Ayúdanos a mantener nuestro enfoque en Ti, no en las distracciones. Tú nos has declarado dignos, por encima de lo que nosotros pensemos acerca de nosotros mismos. Ayúdanos a ver las cosas desde Tu perspectiva. Ayúdanos a ver el otro lado. Oro para que nuestras palabras sean valientes y hermosas y que lleguen a miles de personas. Bendice nuestros escritos, bendice nuestra travesía de escribas, nuestras aventuras de escribas. Permite que encontremos la paz, al ritmo de nuestra escritura. Trae claridad a nuestros pensamientos; y oramos para que por encima de cualquier otra cosa que hagamos, glorifiquemos Tu nombre. ¡Amén!

Acción: Memoriza Hebreos 11:1 y repítelo todos los días, antes de escribir. Luego, continúa la oración diciendo: "Es hora de pasar al otro lado".

CAPÍTULO 9
SILENCIADO POR EL RECHAZO

1 Pedro 2:4 (NIV) *"Al acercarse a él, la Piedra viva, rechazada por los humanos, pero elegida por Dios y preciosa para él"*.

¿CUÁNTAS VOCES HAN sido silenciadas por causa del rechazo? Demasiadas como para contarlas.

El rechazo es una de las cosas más grandes con las que todos batallamos.

Puede devastarnos tanto que hasta podría incapacitarnos en lo que respecta a nuestro verdadero llamado. Antes de que yo caminara en mi llamado de forma real, tuve que superar los sentimientos de rechazo. A lo largo de los años, Dios me ha mostrado mi verdadera voz como escritor. Vino de parte de Él, pero fue moldeada, sostenida, retenida y al final fue liberada, por mi decisión de asociarme con Él. Cuando lo hice, se generaron oportunidades para ayudar a otros a asumir su llamado; para equiparlos, empoderarlos y animarlos en su caminar con Dios como Escritores del Reino. Tú eres un Escritor del Reino. La identidad lo es todo.

Hasta nuestro Señor y Salvador tuvo que lidiar con la identidad. Jesús recibió su identidad justo antes de ser bautizado. Dios dijo: "Este es mi hijo, en quien tengo complacencia". ¿Por qué sería que Jesús necesitaba oír esto? ¿Acaso ya no sabía quién era?

La respuesta, por supuesto, es que sí, pero recuerda, Jesús era Dios en forma corporal—era humano. Escuchar esa palabra celestial lo impulsó a seguir adelante. Esa palabra era un escudo contra el rechazo que sentiría al final, y créeme, lo *sintió*, en sentido figurativo y literal. Míranos. A nuestro alrededor tenemos personas que nos aman, pero incluso así seguimos necesitando escucharlo, ¿no es así?

Ahora bien, ¿qué sucedió inmediatamente después de ser bautizado? Jesús fue conducido al desierto, donde satanás lo tentó. Satanás es el máximo engañador, aquel que pervierte las Escrituras para hacernos pensar de manera diferente; pero nuestra identidad, aquello que Dios dice que somos, es la que ilumina hasta la más oscura de las mentiras. Satanás probó a Jesús con la esperanza de frustrar Su destino. Papá Dios dijo: "Te amo hijo. Nada va a cambiar eso. No lo olvides". Y eso era todo lo que Jesús necesitaba para superar las pruebas. Eso es todo lo que nosotros necesitamos para superar nuestras pruebas. Saber quiénes somos. ¡Somos suyos! No somos rechazados. ¡Somos amados! No importa lo que sea, Jesús nos ama, murió por nosotros y nos liberó de las mentiras de este mundo.

Ahora bien, Escriba del Reino, Dios te ha llamado a escribir. Y si te llamó, entonces está contigo. Él está a tu favor. Debes seguir adelante sin temor de fallar. Escribe desde ese fundamento, con Él y sabiendo quién eres. No te preocupes por escribir a la perfección, simplemente escribe.

Yo escribí muchas cosas que no eran de Dios, pero escribí al fin de cuentas. Puede que no lo haya hecho de forma perfecta, pero lo hice sabiendo quién era. Más tarde, al pasar por el proceso de edición, el fuego refinó las cosas. No te preocupes por el contenido de lo que estás escribiendo, simplemente escribe. ¡Sácalo!

Y hazlo sabiendo quién y de quién eres, en Cristo Jesús.

Una vez que lo tengas, entonces el Espíritu Santo, junto a ti, colaborará y eliminará las cosas que eran de la carne. Disfruta el proceso *con* Dios. Trabaja *con* Él. Recuerda, Él está a tu favor.

Haz esta oración: Soy un hijo de Dios. Dios me ama. Puede que los humanos me rechacen, pero Tú nunca me rechazas. Sé quién soy y tengo certeza de que Dios me ama, pase lo que pase. Permíteme escribir como hijo/hija de Dios. Permíteme ir al paso del Espíritu de Dios y escribir las verdades del Reino. Dios, concédeme oídos para escucharte. Déjame tener ojos para verte, Dios. Permíteme estar vivo a plenitud y caminar hacia el destino al que me has llamado.

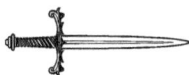

Acción: Ubícate en un espejo privado. Tal vez el de tu baño. Ahora, fija la mirada en ti. Mírate a los ojos. Estúdiate. Observa más allá de lo físico y comienza a susurrarte que eres un hijo/hija de Dios. Empieza a decirte que no vas a fallar. Que tu voz es importante, que cuenta. Vas a decirte a ti mismo que tus palabras importan. Repite esta acción todos los días hasta que la interiorices y permee tu ser.

Este es un elemento de acción extraño, pero lo que estás haciendo es darle vida a tu alma. Le estás hablando a tu identidad y estás dejando atrás cualquier emoción que intenta bloquear aquella persona que eres. Nuestras emociones pueden ser inconstantes, pero nuestra identidad está segura en Cristo. Es hora de anclarte en dicha verdad. Cuando comiences a creer en quién eres y en lo que Dios quiere hacer en y a través de ti, como Su Escritor del Reino, tu escritura ascenderá a un nuevo nivel.

Segunda Sección:
Saquear la Oscuridad

Saquear la Oscuridad

"Escribe lo que sabes y luego invéntate el resto", es mi lema como escritor de ficción.

La pregunta es: "¿Qué sabes?".

Como escritor, siempre pondrás un poco de ti en esas páginas laboriosas. Puede que el lector nunca lo sepa, pero tú sí.

Entonces, ¿realmente qué significa "Saquear la oscuridad"?

Me refiero a todas las cosas que te ha hecho el enemigo. Todas las mentiras. Todo el dolor. Todas las enfermedades. Todas las heridas. Todas las traiciones. Toda la muerte y la destrucción. *Todo*. Esta es la oscuridad que intenta librar la guerra en nuestro interior. La oscuridad con la que luchamos. La oscuridad que lucha por nuestro tiempo. ¡Podemos (debemos) saquearla! Es hora de saquear, asaltar, desvalijar, robar, atracar, saltear, despojar, trasquilar, arrasar, desolar, devastar, merodear, socavar, todo lo que el enemigo nos ha robado. Nosotros no nos detenemos.

Esta oscuridad solamente la podemos saquear, cuando entendemos quiénes somos en Cristo y comprendemos en Dios, de quién somos. Jesús nos liberó en la cruz, ¿cierto? Sí. Papá Dios nos dio el derecho a ser llamados hijos de Dios, ¿correcto? ¡Sí! Ahora somos libres. Ahora somos un hijo/hija del Rey de reyes. ¡Este es un poderoso cambio para la vida tal como la conocemos! Ya no somos huérfanos, sino que somos adoptados para siempre en el Reino de los Cielos. Somos ciudadanos del Cielo. Además, ahora somos Embajadores, representantes de Dios. ¡Permite que esto penetre en tu interior!

¿Vas conmigo? ¿Me estás siguiendo el rastro? ¿Por qué no usar nuestro testimonio de vida, para fortalecer la mayordomía de nuestra representación del Altísimo? Como creyente en Cristo Jesús, eres una nueva creación. Nuestro antiguo yo ya no tiene el control. Como persona salvada por la sangre de Cristo, ahora puedo mirar al interior de esa oscuridad, ese pasado mío, y entrar en él sin miedo, porque sé quién soy. Soy un hijo de Dios.

¡Ahora puedo saquear al enemigo y recuperar todo lo que robó y hasta más!

Permíteme darte un ejemplo de lo que te estoy hablando en esta sección del libro. Esta es una parte importante de tu caminar como Escriba del Reino. Debes poder saquear tu propia oscuridad.

A todos nos han pasado cosas malas, ya sean acoso sexual, violación, heridas profundas por parte de familiares y amigos, divorcio, niños de padres separados, violencia en el hogar o en la guerra, y la lista continúa. Ahora bien, tengo la firme convicción de que como creyentes en Cristo Jesús, podemos ir a estos lugares oscuros y sacar las emociones, las heridas, los dolores, y colocarlos dentro de una historia que estamos tejiendo con Dios y que estamos escribiendo, para traer así un avance de sanidad. Puede que no hayas experimentado sanidad de forma directa, pero al convertirte en creyente de Cristo, te convertiste en una NUEVA creación. Lo viejo pasó. Nosotros podemos aprovechar los recuerdos e incorporarlos a nuestros escritos. Cuando otros leen nuestras historias, el lector vivencia una impartición sobrenatural. Es muy parecido a lo que sucede cuando leemos la Biblia y permitimos que las palabras penetren en nuestro corazón.

A medida que leas los capítulos siguientes, ampliarás tu comprensión sobre "Saquear la Oscuridad". Recuerda, el Espíritu Santo es el mejor maestro, así que deja que te hable mientras los lees.

CAPÍTULO 10
REGRESA A LA OSCURIDAD

Éxodo 3:21-22 (AMP) "Y concederé a este pueblo favor *y* respeto ante los ojos de los egipcios; por tanto, sucederá que cuando vayas, no te irás con las manos vacías. Sino que cada mujer les pedirá [con insistencia] a su vecina y a la mujer que viva en su casa, alhajas de plata, alhajas de oro y vestidos; y las pondrás sobre tus hijos e hijas. De esta manera, saquearán a los egipcios [dejando la servidumbre, con grandes posesiones que son legítimamente suyas]".

LO QUE EL enemigo me quitó, ahora es un arma poderosa en manos de un Escritor del Reino.

Dios instruye a Moisés para que los israelitas regresen y le saqueen a los egipcios todo lo que les habían quitado. Los israelitas tenían una mentalidad de esclavos. No pensaron en tomar nada además de sus escasas pertenencias, pero Dios quería que fueran libres de esa mentalidad de esclavitud. Ellos debían saquear y traer consigo no solamente sus reducidas pertenencias, sino también lo que le pertenecía a sus enemigos. Esto aplica para cada uno de nosotros como creyentes. Una vez estuvimos perdidos y ahora fuimos hallados. En cierta ocasión estuvimos ciegos, pero ahora podemos ver. Alguna vez fuimos huérfanos, pero ahora estamos injertados en la vid con Dios. Los que creen, ahora son hijos de Dios. Ya no somos esclavos, ahora somos una familia. Nuestra herencia fue en algún momento el infierno, y ahora es la vida eterna. ¿Sí lo ves? Dios quiere que tomemos dominio de nuestras vidas, así como quiso que Adán y Eva tomaran dominio sobre el mundo y todo lo que había en él. Todo aquello que se le robó a nuestra juventud, nuestra inocencia; Dios quiere que lo saqueemos y recibamos el pago del interés de lo cual fue robado. Él no nos liberó y ya, quiere que regresemos y tomemos posesión del oro y la plata. Nuestros tiempos más oscuros, contienen oro y plata en su interior. No tengas miedo de ir hasta allá, porque no estás solo. Dios está contigo. No ahondes en las profundidades de las tinieblas sin Él.

De igual manera, en lo espiritual, nosotros como escritores, podremos volver a la oscuridad (como personas libres) para sacar lo que necesitemos. No está allí a nuestra disposición sin más ni más, sino que en esta guerra por el Reino, también es parte de nuestro arsenal individual.

Por ejemplo, mi infancia no fue la niñez típica. A los 5 años, me presentaron e introdujeron en la pornografía y las drogas. Eso estuvo a mi alrededor hasta que me casé, cuando tenía 21. Crecí demasiado rápido. De alguna manera, podrías decir que me robaron la infancia. Bueno, hoy en día, como firme creyente en Jesucristo y yendo en pos de Él con todo lo que tengo, escribí dos libros para niños. Saqueé un área que me habían robado. Ahora mis libros infantiles les llegan a personas de todo el mundo, ¡no únicamente a los niños! Los adultos son influenciados cuando les leen mis libros en voz alta a sus hijos. Es una bendición increíble.

Yo puedo ir hasta los lugares más oscuros de mi pasado, sacar a la luz todo lo que necesito y expresarlo por medio de la escritura.

No tengo que escribir una autobiografía. Puedo tomar mis experiencias y entretejer la verdad en mi relato, principalmente en las novelas de ficción. Cada libro que lees tiene este elemento dentro de sus páginas. Cada personaje es una pieza del autor, pero esa parte solamente la conoce el escritor.

Como representantes del Reino, les podemos impartir poderosas verdades del Reino a aquellos que leen nuestras obras en nuestros escritos, sean creyentes o no.

Nosotros tenemos la oportunidad de afectar a las personas con nuestras palabras. ¡Este no es un llamado menor!

Algunos hombres adultos me han hablado de mi épica serie de fantasía y se han echado a llorar. Una vez, un hombre me expresó que se había conectado de manea profunda con el vampiro y con el conflicto interno con el que luchaba. Tuvo un impacto duradero en él. Esta parte en particular de mi libro, "The Vampire King" (El Rey Vampiro, N.T), nació de mis propios dolores, de mi propia oscuridad. Saqueé esos lugares y desaté en mi historia personajes cubiertos por la sangre del Cordero. El resultado fue una impartición sobrenatural.

Es imperativo que estés sano y pleno en Jesús. Ese es el primer paso que debes dar antes de empezar a saquear. El enemigo todavía anda errante y siempre está metido en el negocio de la mentira, el engaño, el dolor y la destrucción. Una vez que aceptes el hecho de que eres un hijo de Dios, estarás listo para saquear la oscuridad. Pero primero, tu identidad debe estar segura afianzada con este conocimiento. Permite que el Espíritu Santo te guíe.

Dios te mostrará el camino y, a veces, ni siquiera te darás cuenta de que estabas saqueando la oscuridad cuando lo hagas. Dios me mostró lo que sucedió después de que escribí mis libros para niños. Yo no los escribí con la mentalidad de saquear. Él me lo reveló un año después. Dios oscila alrededor de redimirte, así que nosotros nos enfocamos en mantenernos en sintonía con Él. Las señales y las maravillas nos seguirán.

Haz esta oración: Espíritu Santo, guíame al escribir. Ayúdame a navegar en la oscuridad para tomar todo lo que necesito y hasta más, de manera que te glorifique. Permíteme deleitarme de corazón ante mis enemigos, mientras escribo en el gozo del Señor. Tú eres mi todo, y nada en este mundo tiene poder sobre mí, porque yo soy tuyo para siempre. Permite que mis escritos impacten a todos los que los lean, para darte la oportunidad de que sus corazones sean penetrados por la verdad, el amor y el poder de Cristo Jesús, nuestro Señor.

Acción: Escribe en tu cuaderno de apuntes personales: "Soy un hijo de Dios. Y punto".

CAPÍTULO 11
¡Historia Lanzada!

Efesios 5:11-14 (TPT) Y ni siquiera te asocies con los siervos de las tinieblas porque no tienen fruto en ellos; en cambio, revélales la verdad. Aquellas cosas que hacen en secreto son demasiado viles y sucias, como para mencionarlas. Todo lo que expone la luz de la revelación, también lo corregirá, y todo lo que revela la verdad es luz para el alma. Por eso dice la Escritura: ¡Levántate, durmiente! ¡Levántate de entre los muertos y el Ungido te iluminará con su luz!

UN ESCRITOR TIENE la habilidad única, la cual es un don de Dios, de llevar la verdad reveladora por medio de historias. Como escritor, hay muchos versículos de la Biblia que me llaman la atención. Este dice que no nos asociemos ni comprometamos con aquellos que caminan en la oscuridad, sino que les revelemos la verdad. ¿Cómo lo hacemos? A través de relatos. Toda la humanidad anhela la próxima historia. Imagina que tu libro va hasta los lugares más oscuros, llevándole luz y verdad del Reino a quien lo lee. Ahora eres considerado parte de las "operaciones especiales" para el Reino. Puedes llegar a lugares que nadie más alcanza. Un pedófilo, un asesino, un ladrón, una prostituta, un rey malvado, un terrorista y así la lista continúa. Una historia es un ariete en el corazón de alguien, en sentido literal. Una vez que su barrera se astilla, aunque sea una pequeña fracción, allí es donde el Espíritu Santo se introduce.

Amo Star Wars. ¡Crea símbolos geniales para usarlos! Imagina que el corazón de todas las personas, es la Estrella de la Muerte, una fortaleza impenetrable. Tú eres un piloto dentro de un pequeño Ala X. Tu misión es enfrentarte a una estación de batalla que está fuertemente armada. Y la única forma de destruirlo es liberar torpedos de protones en una pequeña cámara de reacción que conduce al núcleo. Yo las llamo "historias bomba". A medida que despliegues tu libro en el mundo, grita: "¡Historia lanzada!".

Nuestras historias penetrarán en los corazones más oscuros. Puede que sea tan negro como la brea, que nunca haya visto la luz, pero el corazón de una persona puede abrirse gracias a una historia. Eso era precisamente lo que hacía Jesús dondequiera que fuera. Nunca le habló a una multitud sin contarles una parábola. A través de la narración, Dios continúa hablándoles a nuestros corazones. Películas, libros, música, poesía. Dios no calla.

En el mundo en el que vivimos, hay muchísimo ruido. Este sonido cotidiano compite por ganar nuestra atención, ya sea que estemos dormidos o despiertos. Fíjate en lo que sucede cuando te involucras a nivel personal con una película y estás absorto en la historia. Esta puede penetrar de forma sobrenatural tu corazón y cambiar tu sistema de creencias. En todo el sentido de la palabra, puedes salir del cine y ser cambiado. Lo mismo ocurre con un libro. Las historias cambian la mentalidad. Las historias cambian los corazones. Las historias cambian las culturas.

¡No subestimes el poder de la SANTA FUERZA! Recuerda que todo es posible con Dios. Tus historias son relevantes.

El mundo en el que vivimos está siendo bombardeado por historias mundanas. Es hora de que luchemos como los rebeldes, en contra del Imperio, como en la saga Star Wars. Es hora de que le demos vida a las historias del Reino.

Oración: Jesús, gracias por mostrarnos cómo contar historias. Gracias por revelarnos la importancia que el Padre Dios le da a la narración de historias, pues Tú no hiciste, ni dijiste nada sin que el Padre te lo dijera. Que con nuestra escritura sea igual. Dios, permite que tengamos oídos para escucharte. Queremos que las historias que quieres contar se publiquen en el mundo. Lleva nuestras historias a lo más oscuro de las tinieblas, y explota como una luz brillante y victoriosa, que llega a los corazones que nadie imaginaba que sería posible alcanzar. Toda la gloria de tu poder, fortaleza y amor sea para Ti. Bendice nuestra escritura, en el nombre de Jesús.

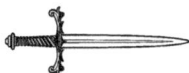

Acción: Mira Star Wars IV: Una Nueva Esperanza, específicamente la escena de la batalla contra la Estrella de la Muerte. Imagina que eres Luke Skywalker y que liberas tu historia en los corazones de la estrella de la muerte de las personas. Tu historia provocará una explosión de reacción en cadena en el interior, y preparará sus corazones para recibir la verdad de Dios. Puedes buscar en YouTube: "Luke destruye la Estrella de la Muerte".

CAPÍTULO 12
EL CAMPEÓN CONTADOR DE HISTORIAS

1 Samuel 10:25 (NKJV) Entonces Samuel le explicó al pueblo el comportamiento de la realeza, lo escribió en un libro y lo puso delante del Señor.

PON TU OBRA delante de Él, porque sin Su bendición, ¿qué valor tiene?

¿Alguna vez has escuchado hablar a alguien que realmente te haya emocionado? Luego de oírlo, necesitas escucharlo de nuevo, o vas corriendo hasta la mesa de los libros para tomar tu ejemplar y sumergirte en él apenas tengas la oportunidad. Samuel les explicó a todos el comportamiento de la realeza, su poder, autoridad y grandeza. Esto sucedió antes de que los libros fueran impresos. Como la gente quería y necesitaba volver a escucharlo, Samuel escribió todo esto en un libro. Sin embargo, antes de dárselo a la gente, ¿qué hizo primero? Él lo puso, lo desplegó ante el Señor. No le iba a entregar algo al pueblo de Dios, sin recibir antes la bendición del Señor. Yo mismo he luchado con esto. He querido salir corriendo y mandar a imprimir mis libros, antes de buscar la aprobación de Dios.

La NVI cambia la frase, "puso" por la palabra, "depositó". Me gusta "depositó". Esta palabra hace referencia a la confianza. Le confiamos nuestro dinero al banco en el que lo depositamos, ¿verdad? Esto también me indica que para escribir, no tenemos que esperar a que el Señor nos deposite algo. Podemos escribir porque Él vive dentro de nosotros y nos ha dado autoridad en este mundo. Podemos escribir y luego depositarlo ante el Dios Todopoderoso. Algunos de nosotros todavía estamos esperando que Dios nos dé una historia o que deposite algo en nuestro interior para escribir. Creo que esta es una situación de lo uno o lo otro. Yo creo que Dios ha depositado historias dentro de nosotros, de las cuales desconocemos que ya están ahí y que también implica que empecemos a escribir y a buscarlas. Él nos creó. Nos conoció antes de la fundación del mundo. ¿Será posible que las historias que se darán a conocer ya estén en nuestro ADN? ¿Que las historias que van a salir de nosotros, sean nuestro destino?

Siendo alguien que ha viajado por el mundo hablando sobre la escritura y trabajando con cientos de autores, considero que para escribir hay dos rutas. Una donde escribimos con la autoridad que Jesús nos dio, y la otra, en donde le pedimos a Dios historias que Él quiere que escribamos a Su nombre. En ambas sendas, somos narradores de historias, pero creo que la ruta de sacrificar nuestras propias historias, por las Suyas, nos eleva al nivel de un Campeón Contador de Historias. A lo largo de toda la Biblia, nosotros vemos una y otra vez a los campeones de Dios. Mira al rey David y a sus valientes. Dales un vistazo a los héroes de la fe sobre quienes se escribe en Hebreos 11, el capítulo de la fe. Ellos sacrificaron muchísimo.

No creo que como escritores, nos debamos preocupar o estresar al respecto. Dios ama las historias que he escrito, y se unió a mí en el proceso de crearlas y publicarlas. Él ama mucho a Sus hijos y está orgulloso de lo que —como creyentes- hacemos aquí en la tierra. Ahora bien, hay ocasiones en las que, si lo estás pidiendo, Él te concederá tu oración y te dará una historia proveniente de la bóveda de las historias en el cielo. Simplemente escribe y ora. Algunas de las historias serán tuyas y otras, si las estás pidiendo, serán Suyas. Él nos confiará a algunos de nosotros, el acto de escribir Sus historias y créeme, te darás cuenta y lo sabrás, así como también lo sabrá el mundo, cuando las lean.

Oración: Señor, bendigo a los escritores que tienen el desafío en su corazón de tomar del cielo y que piden convertirse en un Campeón Contador de Historias para ti. Oro por ellos mientras administran lo que les das, para que lo lancen al mundo; para que publiquen esas historias poderosas y heroicas que cambiarán los corazones. Señor, levanta un ejército poderoso de escribas, así como el rey David levantó a sus valientes y libéralos en el mundo. Permite que las historias del cielo sacudan los cimientos del mismísimo infierno. Cuando los corazones se vuelven hacia Ti, las historias salvan millones de vidas. Oro para que lo escrito por estos Campeones Contadores de Historias, cambie mentalidades, culturas y gane almas como nunca antes. Permite que la oscuridad tiemble ante el sonido de los teclados. Rodea a estos Campeones con tus ángeles protectores. Bendícelos al publicar historias del Reino para glorificar tu nombre. ¡Oh!, hago esta oración en el ¡nombre de Jesús!

Acción: Yo no le llamaría a esto una acción, sino un desafío. Te desafío a depositar tu historia cuando Dios te lo pida, y a orar para que Papá Dios te dé una de las Suyas. Dios obra de formas misteriosas y Su tiempo es muy diferente al nuestro. Puede que pidas y ores sobre esto, pero quizás Él va a esperar a que obtengas más entrenamiento, publiques uno o dos libros, y luego, de repente, contestará esta oración. Te desafío a que empieces a orar por eso ahora. Dios pondrá las cosas en movimiento y te dejará boquiabierto cuando llegue el momento de revelártelo. Si te preguntas: "¿Cómo sabré que es una historia venida del cielo?", ¡ay!, no te preocupes, lo sabrás.

Dios me dio la historia de *Demons & Thieves* (Demonios &
Ladrones, N.T) 10 años antes de que se escribiera mi primer
libro. Me encogí de hombros, porque pensé que era para otra
persona, que yo no estaba calificado para hacerlo. Después de
que escribí mi primera trilogía de novelas épicas de fantasía y
mi primer libro para niños, sucedió. Resulta interesante que
diez años atrás, yo no hubiera orado por una historia proveniente del cielo. Levanté dicha oración mucho después, y de
forma accidental me tropecé con mi destino de convertirme en
un Campeón Contador de Historias. Ahora, en retrospectiva,
puedo narrarte esa historia. Dios me sacudió, literalmente, para
que escribiera la historia que Él me había dado hacía tantos
años. Lo escuché de forma clara y concreta, y acepté el desafío.
Ya lo ves, yo tenía que poner algunos libros en mi haber. Dios
me estaba entrenando y yo ni siquiera lo sabía. Me estaba
preparando para escribir el libro de ficción histórica, *Demons
& Thieves* (Demonios & Ladrones, N.T). Solo ahora, puedo
decirte que no te tropieces por accidente con tu destino, sino
que vayas en pos de él.

CAPÍTULO 13
CONFIANZA DE REINO

2 Samuel 23:20 (NTV) Estaba también Benaía, hijo de Joiada, un valiente guerrero de Cabseel, quien hizo muchas proezas heroicas, entre ellas mató a dos campeones de Moab. En otra ocasión, en un día de mucha nieve, Benaía persiguió a un león hasta un hoyo y lo mató.

HABLEMOS UN POCO sobre la confianza. En mi caso, la confianza no surgió de la noche a la mañana. Pequeñas y múltiples victorias fueron las que me llevaron a los grandes triunfos. Yo necesitaba de esas victorias tempranas. Cuando vemos un versículo como el anterior, decimos: "¡Huy!, este tipo es increíble. Derrotó a campeones de otros países, e incluso persiguió a un león hasta la guarida y lo mató". Lo que no solemos considerar son las pequeñas victorias que conllevaron a dichas grandes hazañas.

Benaía no inició como un guerrero valiente. Era un niño que intentaba encontrar su camino en la vida. Tuvo sueños, dolores, pruebas, tribulaciones, momentos de desesperación y momentos de alegría. A lo largo de su vida, hubo numerosas victorias pequeñas. A veces, el simple hecho de poder despertase al día siguiente, luego de perder a un ser querido, es una victoria. No descalifiques la apariencia de una victoria. Todos los eventos en nuestras vidas nos moldean, perfeccionan y nos desarrollan.

Se puede escoger la confianza que proviene de dos fuentes: del mundo o la confianza del Reino. Por ejemplo, que los discípulos permanecieran en la barca indica confianza basada en el mundo. Ellos confiaban en lo que sabían que era verdad, lo que experimentaban, etc. Los discípulos entendieron que quedarse en la barca, era una opción más segura que salir de ella, puesto que una violenta tormenta estaba en escena. Tiene sentido, ¿Cierto?

Y luego aparece la confianza del Reino. Pedro pide que lo llamen a bajar de la barca. Lo llaman. Nosotros tenemos grandes encuentros con Dios que pueden (si se lo permitimos) moldearnos y edificarnos, sabiendo cuán GRANDE es nuestro Dios. Las oraciones que son contestadas a través de milagros, señales y prodigios, en realidad pueden reforzar esta confianza en el Reino, de la que te estoy hablando. Se manifiesta cuando te sales a tal punto de la ecuación, que sabes que eres incapaz de hacer esto o aquello, PERO que DIOS puede. Pedro saltó fuera de la barca y comenzó a caminar sobre el agua. Esto es un refuerzo de confianza.

2 Samuel 23:20 dice que él realizó "muchas proezas heroicas", pero nosotros desconocemos el nivel de tales hazañas. Me imagino que empezó salvando gatitos que se trepaban en un árbol muy alto, o ayudando a una anciana a cruzar la calle para asegurarse de que no la atropellara un caballo o un carro. Lo digo bromeando, pero el punto es que Benaía tuvo que empezar por alguna cosa. Esas pequeñas victorias finalmente lo llevaron de tener una confianza fundamentada en el mundo, a una arraigada en el Reino.

Esto también aplica a tu escritura. Tienes que empezar por alguna parte. No vayas a una conferencia, esperando salir de allí sabiendo exactamente lo que necesitas hacer, y escribir el próximo éxito en ventas. ¿Será posible? Por supuesto que sí, pero creo que Dios prefiere llevarnos a través del proceso. Por un lado, nos desarrolla como individuos. Por otro, le gusta caminar con nosotros. Recuerda que co-laboramos con Él.

A mí me gusta decir: "Escribe lo que sabes y luego invéntate el resto". Solo necesitas empezar. Escribe en tu cuaderno de notas personales todos los días. Escribe cuentos. Escribe poesía. Escribe cartas para tus amigos y familiares, y envíalas por correo. Escribe un blog. Escribe lo que sea, pero que sea desde tu corazón. Ya sea que lo que redactes sea visto por el público o no, el punto es dar un paso al frente y obtener esas pequeñas victorias.

Si oras por el dolor de cabeza de alguien y la persona se sana, esa es una victoria emocionante. La próxima vez que alguien se acerque a ti con el mismo síntoma, tendrás más confianza para lidiar con el asunto, a través de la oración. Luego, llega alguien con migraña (que es mucho más severa que un dolor de cabeza). Oras, y también se sana. ¡Otra victoria! Y así de manera sucesiva. Con el paso del tiempo, estarás resucitando gente de entre los muertos. Ahora bien, ¿podrías empezar por resucitar a las personas? Por supuesto. Dios es quien lo hace, y nosotros damos el paso en fe, sabiendo quién es nuestro Dios.

Lo mismo aplica para nuestra escritura. Comenzamos poco a poco y se va edificando. Cada uno de mis libros me llevó a un nuevo nivel en mi carrera como escritor. No fue solo escribir, sino también hablar sobre la escritura, capacitar a otros al respecto y hablar en público, entre otras cosas. Escribe la historia que te fue dada, adminístrala, y vendrá "más", hasta que finalmente te encuentres persiguiendo historias en hoyos oscuros en un día nevado, y matándolas como un valiente guerrero para el Reino.

Mi oración por ti: Señor, agita al guerrero que escribe dentro de ellos. Enséñales y equípalos, Espíritu Santo, para que tengan la confianza proveniente del Reino para ir a los lugares oscuros. Permite que escuchen Tu voz con tanta claridad que Su sonido se transfiera a las historias que están escribiendo. Agita en su interior el don de escribir. Revuelve el agua estancada y conviértela en agua viva. Permite que las palabras fluyan desde su interior. Concede que las palabras traigan sanidad y avance a quienes las lean. Oh, Dios poderoso, muévenos. Permite que nuestra pasión por la escritura explote y nos obligue a escribir lo que Tú nos has llamado a escribir. ¡Llámanos a salir de la barca, Señor! ¡Llámanos! En el poderoso nombre de Jesús, ¡amén!

Acción: Escribe una historia corta sobre Benaía persiguiendo al león. Trae a flote la emoción. Permítenos escuchar lo que este héroe estaba pensando, procesando, recordando. Llévanos a la escena, como si hubiésemos estado allí. En el fondo, esta tarea será un mensaje de escritura importante para ti, mientras vas en busca de la historia que te llama por tu nombre. En esencia, te conviertes en Benaía y escribirás como un gran guerrero.

CAPÍTULO 14
CUENTA LA HISTORIA

Habacuc 2:2 (NKJV) Y el Señor me respondió: "Escribe la visión; que quede clara en tablas, para que corra quien la lea".

N O COMPLIQUES LAS cosas demasiado.

Escribe lo que ves con claridad. ¿Por qué? Para que los demás no se detengan, mientras intentan llegar al meollo de lo que quieres decir. Cuando lean tu historia, la idea es que fluya y que la persona corra contigo, siguiéndote el paso. Si complicamos nuestra narración, ralentizamos al lector y podríamos perderlo.

Ahora bien, no quiero decir que no puedes tener una historia complicada, en especial si estás escribiendo una novela de misterio o algo por el estilo. Lo que digo es que no trates de explicarle al lector todo lo que estás escribiendo. Permite que sus mentes jueguen con tus palabras. Tú eres el narrador. Cuenta la historia y déjala que se pare sobre su par de pies, (o sobre sus tres o cuatro patas, si estás escribiendo libros de fantasía). Los lectores quieren vivir aventuras por medio de la mente del narrador, ¡sino no se venderían los libros! Yo he visto a muchos escritores, deteniendo –de manera literal- el flujo de sus escritos para explicarme lo que querían decir con todo lujo de detalles y minucia. Y he leído libros que me agarran, no me sueltan y me llevan a dar un paseo increíble.

El Espíritu Santo es el mejor maestro. Aprende de Él. Él le explicará las verdades a nuestro corazón mientras leemos historias, ya sean de ficción o de otro género. Si Dios puede hablar a través de un burro, entonces sin duda alguna, también puede hablarnos a través de libros.

Déjame preguntarte algo, ¿en la Biblia necesitas que todo esté explicado, o el Espíritu Santo te ha mostrado cosas por tu cuenta?

¿Qué me dices de cuando ves una película "secular"? ¿Acaso Dios no te muestra las verdades ocultas que contiene su interior? ¿Y si se trata de un libro "secular"? ¿Acaso Dios no te revela una comparación con Su Palabra, o te recuerda algo que te ha dicho? ¡Dios obra en todas las cosas! Confía en que en tus escritos, Él revelará verdades que tú jamás habías pensado. Me encanta cuando alguien me contacta para referirse a mis historias y luego me cuenta la forma en que tal o cual parte, lo afectó mucho. En el fondo de mi mente, me quedo impresionado al oír esto, porque no tenía ninguna intención de que eso sucediera. Lo único que estaba haciendo era contando la historia y dejándola fluir desde mi interior.

Yo divago. Puede que te estés preguntando qué tienen que ver los últimos tres párrafos con no complicar mucho las cosas. Lo que quiero que recibas, es que quiero que experimentes la libertad en tu rol de narrador. Las complicaciones se mantienen a raya cuando eres libre. Quiero que tengas visión láser en el cuento que estás tejiendo. Cuando administras el corazón de una historia, ésta fluye con libertad desde tu imaginación hasta el papel o la pantalla.

No pasemos por alto la primera parte de este pasaje. "El Señor me respondió". Esto significa que Habacuc oró de antemano y que Dios respondió a su oración. Quiero que en oración, continúes presentando tus asignaciones de escritura. Deja que Él bendiga tus manos, tu mente y la historia. Dios es fiel. Él contestará tus oraciones y, cuando lo haga, te dará claridad para que puedas escribir la historia de forma tan despejada como el día. Te mantendrás en el punto y no te distraerás.

No obstante, el enemigo está allí con nosotros. Está intentando insertar páginas en la historia que estás contando. Con el tiempo, dichas páginas serán rechazadas mediante procesos de reescribir, a través de lectores beta, grupos de crítica y edición. ¿Por qué? Porque Dios lo sacará a la luz, y nada podrá resistir Sus modificaciones finales. La retroalimentación de otras personas te afilará, como el hierro afila al hierro. No perfecciones tu obra por tu cuenta. Permite que Dios colabore contigo y Él te traerá a otros para que te ayuden. Tu tarea es orar y estar en busca de aquello que está haciendo Dios. Ora para que las personas adecuadas lean y critiquen tu obra. Ora con sabiduría para discernir lo que proviene de Él y lo que proviene del enemigo.

Mi oración por ti: Señor, bendice al narrador que está leyendo esto. Declaro sobre tu ser claridad, en el poderoso nombre de Jesús. Declaro la confianza para escribir la historia que palpita en tu interior y para que estés en sintonía con el Espíritu de Dios. Permite que las palabras fluyan como un río veloz. En el nombre de Jesús, rompo todo obstáculo y cualquier duda, y le agradezco al Señor porque cada palabra que pongas en el papel o en la pantalla, generará el impulso, el "momentum", como sucede con una ola destinada a estrellarse en una costa lejana. A esa historia que está dentro de ti, le digo ¡atención! Sal al exterior, en el nombre de Jesús. ¡Amén!

Acción: Escribe tus oraciones, tus peticiones en tu cuaderno de apuntes personales, enfocándote de forma específica en tu tarea de escritura. Al leer este capítulo y el pasaje que lo acompaña, formula tus oraciones y escríbelas. Hay dos razones para esto: una, para que puedas ver las oraciones que escribiste sin tener que memorizarlas, y dos, para que después veas que Dios responde cada una de ellas. No tienes que escribir solo una oración, y te sugiero que escribas algunas distintas. En tales oraciones, sé específico, no lo hagas de manera general. Haz declaraciones desde tu corazón, no exigiéndole cosas a Dios, sino halando del cielo. Toma lo invisible y observa cómo se torna visible. Empieza a visualizar tu libro en tus manos, el grosor, los colores, el olor de la tinta fresca, la portada del libro, tu dedicatoria, los reconocimientos, etc. ¡Declara estas cosas! ¡Llámalas a existencia! ¡Saquea la oscuridad!

Tercera Sección: Ser un Campeón Contador de Historias

Liberando al Contador de Historias que Llevas Dentro

¿**P**odemos crear historias que logren que las generaciones hablen de ellas mucho después de que partamos?

¿Estamos soñando con ese tipo de impacto?

Cuando publicamos nuestros libros, ¿tenemos esto presente en la cima de nuestra mente? Cuando empecé a soñar con convertirme en un autor famoso, no estaba soñando con las generaciones futuras que me sucederían y que leerían mi obra. Mi objetivo no iba más allá de ganar mucho dinero y entretener a los que estaban frente a mí. No tenía ni idea, ni concepto alguno sobre el impulso generacional. Ni siquiera lo pensé. Todo tenía que ver conmigo y con lo que podía obtener *allí y ahora*. Desentrañar mi manera de pensar me tomó muchos años de caminar con Dios, e incluso, Él sigue mostrándome verdades más profundas.

Cuando hablo en conferencias o talleres, siempre desafío a la audiencia a pensar en estas cosas. A pensar más allá, por encima de ellos mismos. A tener en cuenta a los niños que vienen detrás de ellos. A que no limitemos nuestro pensamiento al aquí y ahora, sino al futuro que va mucho más allá de nosotros mismos.

¿Sabías que en el cielo hay historias esperando por ser publicadas? Yo tampoco lo sabía. Me di cuenta cuando comencé a preguntarle a Dios cuáles historias quería contar. Una vez que comienzas a preguntarle (en lugar de contarle sobre las historias que vas a escribir), entonces será un "juego de pelota" totalmente nuevo.

Nosotros somos un mundo impulsado por historias. Somos un pueblo impulsado por los relatos. De manera constante, andamos en busca de la próxima historia. Todo lo que hacemos tiene una historia ligada a ella, y a medida que avanzamos en nuestro día a día, se desarrollan nuevas historias. Por lo general, contamos esas historias alrededor del dispensador de agua del trabajo o en la mesa donde cenamos con amigos y familiares.

Cuando alguien pregunta: "¿Cómo estás?" es una invitación a contar una historia, y la persona que pregunta está dispuesta a escuchar y está a la expectativa. A veces, nuestras historias no son tan buenas. Pero después se presentan esas ocasiones en que damos a conocer una gran historia, una que cuentas no solamente tú, sino otros también. Lo mismo aplica para nuestros escritos. Muy a menudo se publican muchos libros que, siendo honesto, no son tan buenos. Pero están los libros que son éxitos en ventas, que se garantizan un lugar especial creado en nuestros corazones, para mantenerlos allí por el resto de nuestras vidas.

Vayamos en pos de los éxitos en ventas.

Representemos bien al Rey y Su Reino.

Pero no permitamos que la búsqueda de un éxito en ventas sea una distracción.

El gozo del Señor es nuestra fortaleza, y ya sea que escribamos algo que ante los ojos del mundo no sea bueno, o que escribamos un éxito en ventas, todo lo hacemos para la gloria de Dios. Él es todo lo que importa, no el reconocimiento de parte del hombre.

¡Dios considera nuestro trabajo para Él como el mejor! Escribe con una sonrisa en tu rostro, sabiendo la forma en que te ve Dios.

CAPÍTULO 15
EL #1 EN VENTAS

2 Timoteo 3:16-17 (TPT) Dios ha trasmitido su propia sustancia a cada Escritura, porque ella es aliento de Dios. Te dará poder mediante su instrucción y corrección, dándote la fortaleza para tomar la dirección correcta y para conducirte hasta el camino de la piedad, con mayor profundidad. Entonces, serás un siervo de Dios, plenamente maduro y preparado de forma perfecta, para cumplir cualquier asignación que Dios te dé.

HASTA EL PRESENTE, la palabra de Dios ha sido el éxito #1 en ventas de todos los tiempos y de todos los años.

La Biblia es fascinante. Basta mirar y reflexionar sobre el contenido. Tiene 66 libros, compuestos por 39 libros del Antiguo Testamento y 27 libros del Nuevo Testamento.

La Biblia entera ha sido traducida a más de 500 idiomas y el Nuevo Testamento, ¡a más de 2.800! ¡Eso es increíble! ¿Cuántos de nosotros soñamos con que nuestra obra se traduzca a otro idioma aparte del que usamos para escribirla?

Permíteme desglosar la Biblia un poco más:

Escribirla tomó 1.500 años.

Contribuyeron 40 escritores.

Dichos escritores abarcaron más de 40 generaciones.

A lo largo de sus vidas, tales escritores, tuvieron 20 ocupaciones diferentes.

Se escribió en 10 países.

Dichos países se extendían a lo largo de 9.656 kilómetros.

Y solo hay 1 autor. ¡DIOS!

Estos pocos detalles por sí solos ya son increíbles. Cuando nuestro trabajo tarda más de un año en completarse, nos quejamos y eso que se trata de un escritor en un solo proyecto. Considera a los 40 escritores distintos. Hoy, yo podría darles a 40 personas un tema para que escriban sobre él (incluso la misma historia con personajes y todo lo demás). Y puedo decirte que *cada uno* de esos 40 individuos, vendría con una pieza con un sonido completamente diferente al de los demás. Nada sonaría igual. Nada se leería de la misma manera. Y sin embargo, cuando leemos la Biblia, desde Génesis hasta Apocalipsis, escuchamos la *misma* voz. Escuchamos al autor. Eso es poderoso.

Hay más.

En ella, hay 2.930 personajes distintos, que se mencionan en 1.551 escenas geográficas de acción. Eso es un desarrollo de personaje *considerablemente amplio*. La Biblia contiene todos los temas imaginables en todos los géneros literarios (poesía, prosa, romance, misterio, biografía, ciencia, historia, etc.). La Biblia tiene un 75% de historias, un 15% de poesía y un 10% de instrucción.

Me gusta apreciarlo de esta manera: 75% historia, 15% poesía y 100% de instrucción. En los cuentos y la poesía, hay instrucción. ¿Cierto?

La Biblia fue el primer libro que se imprimió en 1454, y ha vendido más de 6 mil millones de copias. La palabra de Dios ha sido el libro más vendido, el #1 de todos los tiempos y de todos los años, hasta el día de hoy. Vende 50 copias por minuto. Así es, por cada minuto. Pasan 60 segundos y como resultado se venden 50 copias.

Démosle un vistazo a la música. En el mundo actual, cada año se publican más de 1 millón de canciones. No creo que tenga que decirte que todas no son buenas canciones. La mayoría de ellas traen consigo odio y división. No me malinterpretes, las canciones tienen una melodía alegre y muy pegadiza. PERO si te detienes por un momento y revisas la letra, verás que todos los que las repiten, incluidos nuestros hijos, cantan odio y división sobre sí mismos.

El poder de la narración de historias influirá en las personas, la cultura, las sociedades, las naciones y en el mundo.

Veamos una de las industrias más impactantes que existen. Las películas. En todo el mundo, ha habido un aumento del 30% en las salas de cine que se están construyendo, con diez al día, únicamente en China. ¡DIEZ al día! ¡Huy! ¿Por qué? Las películas cambian las cosas. De nuevo lo digo, somos personas impulsadas por las historias. No nos saciamos, no nos parece suficiente, y las películas son una forma rápida y fácil de conducirnos hacia allá. La persona promedio, pasa de 4 a 5 horas al día viendo televisión. En sentido literal, es una droga, y nosotros estamos enganchados a la droga llamada "historia".

Cada año, en todo el mundo se estrenan 20.000 películas.

3.500 se lanzan en Estados Unidos.

De esas 3.500, únicamente llegan a los cines 700.

150 de las 700 recaudan más de 5 millones de dólares.

31 de las 150, ganan más de 100 millones de dólares. A ellas, les damos el nombre de éxitos de taquilla.

La película más taquillera de todos los tiempos, una vez calculada la inflación, es *"Lo que el viento se llevó"*. Ha recaudado $ 3.440.000.000 USD hasta ahora, y se estrenó el 17 de enero de 1940. *Avatar, Star Wars* y *Titanic* la siguen de cerca.

Nosotros citamos películas casi que a diario. Las citas de películas se han convertido en parte de nuestro vocabulario y detrás de ellas hay un significado. Recuerdo un evento de firma de libros, en el Festival de Libros de San Diego. Había más de 10.000 asistentes y vendedores, y el lugar estaba tan lleno que era difícil que la gente pasara por allí. Una señora estaba tratando de atravesar la multitud, me miró y dijo: "Vamos a necesitar un barco más grande".

Esa simple frase me transmitió todo lo que ella sentía, y es una cita de la película *Tiburón*. Este es un simple ejemplo. Tómate un momento para hacer un breve inventario de todas las frases ingeniosas de tus películas. Date un momento para ver a todos los que te rodean, diciendo sus propias frases de película. Todas provienen de historias que nos han "influenciado".

Ahora, démosle un vistazo a los libros. Cada año se publican entre 600 mil y 1 millón de libros. Son muchos libros. ¡Son muchas historias! Pero una vez más, no muchas de ellas son buenas historias.

Mientras investigaba, descubrí algo muy fascinante. Una locación. Me asombró tanto que consideré necesario ir a ese lugar y llevar conmigo a un equipo de escritores. Te hablo de lo que se conoce como un retiro de Escritores. Pero preferimos decirle un "Avance de Escritores", porque nosotros no nos retiramos de nada. ¡Nosotros avanzamos! Fuimos con un equipo al Reino Unido, a Oxford para ser precisos. Ese lugar es mágico. Para la creatividad, es un fino velo hacia el cielo.

¿Por qué?

Los autores han dejado su huella en el lugar. Los escribas han tocado el cielo y han publicados sus libros allí. Nueve libros han vendido más de 100 millones de copias, y varios de estos gigantes se originaron en Oxford. He aquí algunos de ellos, con base en la información brindada por Wikipedia:

- El libro de Charles Dickens, *Historia de dos ciudades*, cuenta con más de 200 millones de copias vendidas. Fue escrito en Londres, Inglaterra en 1859. Londres está a poco más de 80 kilómetros de Oxford.

- El libro de J.R.R. Tolkien, El *Señor de los Anillos,* vendió más de 150 millones de copias. Se escribió en Oxford, Reino Unido.

- El libro de J.K. Rowling *Harry Potter y la Piedra Filosofal* vendió más de 120 millones y toda su serie, vendió más de 510 millones de ejemplares. Fue escrito en Inglaterra y Escocia.

- El libro de J.R.R. Tolkien, *El Hobbit,* vendió 100 millones. Se escribió en Oxford, Reino Unido.

- El libro de Lewis Carroll, *Alicia en el País de las Maravillas* vendió 100 millones de ejemplares. Fue escrito en Oxford, Reino Unido.

- La serie *Crónicas de Narnia,* de C.S. Lewis, vendió más de 120 millones de ejemplares. Se escribió en Oxford, Reino Unido.

- El libro de Agatha Christie *Diez Negritos* vendió más de 100 millones. Fue escrito en Oxfordshire, Reino Unido, a solo seis minutos de Oxford.

¿Sí lo estás captando? ¿Notas el patrón?

Nosotros llevamos un equipo de personas a Oxford en 2017, y tuvimos una experiencia que cambió nuestras vidas, al caminar por las calles de estos éxitos literarios. Además, ¿viste que no hay autores de Estados Unidos, Centro América o Suramérica? Es claro que tenemos muchos gigantes literarios del país, pero ninguno de ellos vende ninguno de sus libros al nivel que acabamos de ver.

San Diego (California, USA) tiene una rica experiencia en autores y libros, y creo firmemente que San Diego será el Hollywood de los escritores.

Theodor Seuss Geisel, conocido por todos como Dr. Seuss, escribió 42 libros que vendieron más de 600 millones de copias. Es considerado el noveno autor de ficción más vendido de todos los tiempos. Vivía en San Diego.

Tim LaHaye, autor de la serie *Left Behind (*en español, Dejados Atrás, N.T), vendió más de 80 millones de copias en todo el mundo. Se trataba de una serie de 16 libros. Vivía en San Diego.

Frank L. Baum escribió la mayor parte de su serie *Oz* mientras estaba en San Diego en el Hotel Coronado.

Raymond E. Feist se graduó de la Universidad de California de San Diego (UCSD, por sus siglas en inglés, N.T) y ha vendido más de 15 millones de copias de su serie de fantasía *Riftwar War Cycle* (Entre los que se encuentra Mago: Aprendiz, N.T). Vive en San Diego.

Hay muchas más figuras notables que escriben grandes obras en San Diego. Varias de ellas se han convertido en largometrajes, como *El Cielo es Real* y *Uno tan Diferente como Yo*, ambos escritos por Lynn Vincent. Sus libros también han vendido millones de copias.

San Diego no tiene únicamente una gran cantidad de autores, sino también dramaturgos. ¿Sabías que San Diego es la ciudad que más obras ha enviado a Broadway? Así es. Más de 50 obras de teatro han ido a Broadway en los últimos 30 años. Grandes éxitos como *En el Bosque, Jersey Boys* y *The Full Monty*, por nombrar algunos.

Déjame volver a Oxford. La Asociación de Escritores del Reino (KWA, por sus siglas en inglés, N.T) planea continuar llevando equipos a Oxford. Hay algo relevante en el acto de ir a lugares donde se ha generado un gran avance. Y en el mundo de la narración de historias, Oxford es uno de esos lugares. Parece que San Diego es otro de ellos.

Creo que el ir y venir entre ambos, creará una sinergia asombrosa de tomar del Cielo y liberar esas historias aquí en la Tierra.

En resumen, vivimos en un mundo impulsado por historias. Punto.

¿Por qué te di toda esta información tan increíble? Bueno, quería terminar con este pasaje de las Escrituras. Se encuentra en el libro de Efesios y el versículo utilizado también forma parte de un capítulo particular de este devocional, que aquí vale la pena repetir.

Efesios 5:1 *"Por tanto, **imiten a Dios**, **en todo lo que hacen**, ya que son sus hijos muy amados"*.

Un momento. ¿Qué? ¿Acaso Dios nos acabó de desafiar como escritores? ¿Acaba de decir que lo imiten? Sí, así es.

¿Qué significa eso para ti y para mí?

Como escritores, Dios nos dice que lo imitemos en todo lo que hacemos. Dios es el autor más vendido de todos los tiempos. Él nos está llamando a convertirnos también en los autores más vendidos de todos los tiempos. Todo lo que Dios hace, nosotros también podemos hacerlo. No limites las cosas únicamente a sanar a los enfermos, resucitar a los muertos o expulsar demonios; ten en cuenta que Dios también es un autor, el mejor autor, incluso el autor de la fe, de nuestra fe.

No analices esto demasiado. No cargues con el peso de esta palabra. Deja que la paz reine dentro de ti. Entiende que eres llamado como escriba del Reino. Busca la excelencia, no busques la perfección. Deja que el Espíritu Santo sea tu guía y escribe con Dios. Una palabra como esa, puede paralizar a alguien, al tiempo que el enemigo le susurra al oído: "No tienes lo que se necesita".

Dios tiene lo que se requiere y Él reside dentro de ti. Simplemente sé quien eres, pero vive a plenitud en Jesús. Hazlo y verás dónde te lleva.

Bilbo Bolsón lo dijo mejor: "¡Me voy a una aventura!".

Es hora de que nosotros, como escritores, seamos exploradores de lo desconocido y emprendamos locas aventuras con Dios. ¿Estás listo? ¿Estás gritando en tu interior?: "Heme aquí. ¡Envíame!" ¡Yo también digo que sí y respondo amén!

Ahora es el momento de dar rienda suelta al Campeón Contador de Historias que llevas dentro. Dios es el mejor narrador de historias y como creyente que eres, está dentro de ti, así que cuando digo que le des rienda suelta al narrador de tu interior, nuestro objetivo instantáneo es volcarnos sobre nosotros mismos, aunque en realidad, lo que hacemos es darle permiso a Dios para explotar y colaborar con nosotros, para derramar las historias del cielo, que no se han oído nunca antes.

Pedid y se os dará.

Oración: Señor, en tu nombre pido que se nos revelen las poderosas historias del cielo. Sobre la tragedia, envíanos el triunfo, el amor que vence al odio, lo imposible que se hace posible. Queremos asociarnos contigo para cambiar vidas, que de forma sobrenatural, dirijas a los lectores en dirección de Ti, y que rescates su corazón de la oscuridad de este mundo. Permítenos ser tu voz en este tiempo, en este lugar, en esta hora. ¡Concédenos ser campeones contadores de historias, en el nombre de Jesús!

Acción: Haz una lluvia de ideas con Dios. Realiza la oración anterior, repítela si es necesario y comienza a escribir todo lo que escuchas, ves, tocas o saboreas en tu mente. Puede que sea una pregunta que tienes. Las preguntas se convierten en historias, a medida que avanzas en pos de la respuesta. Puede que sean imágenes que no puedes explicar, como las criaturas que presenció Ezequiel o lo que vio el apóstol Juan en Apocalipsis. Sea lo que sea, escríbelo. Sigue insistiendo en pro de aquellas historias de la bóveda del cielo. Si ahora no recibes una historia, es posible que la obtengas pasados diez años. Puede que la oración que levantaste en este momento, sea contestada después.

CAPÍTULO 16
¿PARA QUÉ CONTAR HISTORIAS?

Mateo 13:10-15(MSG) Los discípulos se acercaron y preguntaron: "¿Para qué cuentas historias?".
Él respondió: "<u>A ustedes se les ha dado una idea del reino de Dios</u>. Ustedes saben cómo funciona. <u>No todo el mundo tiene este don, esta intuición;</u> no les ha sido dada. Cada que alguien tiene un corazón listo para esto, las percepciones y comprensiones fluyen con libertad. Pero si no hay disposición, cualquier rastro de receptividad no tarda en desaparecer. <u>Por eso cuento historias: para crear disposición, para impulsar a la gente hacia una percepción receptiva</u>".

UNA HISTORIA LABRA la tierra del corazón de alguien, y lo prepara para que se plante una semilla de verdad.
¿Para qué contar historias?
He aquí los "por qué" de la narración:

1. Para llevar la verdad (es una portadora de esperanza, una mensajera)

2. Para abrir corazones hacia la verdad (prepara un corazón para recibir la verdad)

3. Para liberar corazones cautivos (rompe las cadenas de los que están en prisión)

4. Para sanar corazones (curar a los enfermos)

Suena como al mensaje del evangelio, ¿cierto? Nosotros llevamos las buenas nuevas y, a través de ellas, los corazones reciben el amor de Jesús, los cautivos son liberados, las personas son sanadas. Y *deberíamos* seguir su ejemplo. Deberíamos seguir al Maestro Contador de Historias, a Jesús, que le hablaba con parábolas a quienes se reunían. Él oró para que tuvieran oídos para oír, y ojos para ver lo que estaba impartiendo, pero a las multitudes, nunca les dio explicaciones acerca de sus parábolas. ¿Por qué? Porque Él estaba "creando disposición" dentro de sus corazones para recibir la verdad. Si la verdad no se filtra en nuestro corazón, será similar a una semilla arrojada en un suelo duro, donde los pájaros vienen a arrebatarla con rapidez. Lo que necesitamos nosotros simplemente, es contar nuestra historia sin explicarles todo a nuestros lectores. Creo que como cristianos, hemos sido programados para enseñar y explicar cada sermón que hemos oído. Esto se inmiscuye en nuestra narración. Toma la historia que te han dado y cuéntala. Lleva al lector a una travesía asombrosa, que cree una disposición en su interior, hacia una percepción receptiva.

A continuación te comparto un poco de la ciencia detrás de la narración. Las historias activan todo nuestro cerebro, mientras que la información únicamente activa una parte de éste. Si me limito a darte la información por medio de enunciados, entonces solo se verá afectada la parte del cerebro que procesa el lenguaje, aquella donde decodificamos las palabras y las dotamos de significado (nada más).

Pero si comparto una historia con esa misma información detallada, tu cerebro se enciende de luz. Una historia no solo activa la sección de procesamiento del lenguaje, sino también cualquier otra parte del cerebro a la que llega la experiencia de la historia. Por ejemplo, piensa en alguien que te cuente algo sobre la comida, o acerca de una montaña rusa a manera de historia. Tu cerebro empieza a operar en muchas áreas a lo largo de la historia, cuando ésta se relaciona con tu experiencia personal. Si únicamente te diera la información sobre la comida o una montaña rusa y acerca de la manera en que funcionan, tu procesador de lenguaje sería lo único que se active.

¿Para qué contar historias? A través de ellas obtenemos más. Podemos plantar en el cerebro de otros, ideas, pensamientos y emociones. Cuando alguien tiene una experiencia con la historia que le damos, hay una impartición que desatamos.

Siempre que escuchamos una historia, queremos relacionarla con una de nuestras experiencias existentes, casi que al instante. Jesús sabía lo que estaba haciendo cuando andaba contando historias, en lugar de contar información detallada sobre el Reino. Como contadores de historias, aprovechemos eso. ¿Puedes brindar tu información reveladora por medio de una historia? ¡Sí, tú puedes!

Oración: Señor, Jesús, bendigo a todos los que leen este libro y se sienten inspirados en su llamado como Escribas de Reino. Oro en este momento, para que puedan formular sus experiencias de la vida real, a través de historias asombrosas. Ayúdalos a tomar los puntos oscuros de su vida y a convertirlos en una historia de ficción. Ayúdalos a transpolar la verdad del evento, a una aventura de personajes y fantasía. Permite que sus historias enciendan y abran los corazones ante la verdad de lo que Tú eres. Amén.

Acción: Lee Mateo 13:10-15 en varias versiones. Después, ora para recibir revelación del Espíritu Santo, acerca de la narración de historias. Escribe lo que escuches en tu cuaderno de apuntes personales.

CAPÍTULO 17
LA PLUMA DE UN ESCRITOR HÁBIL

Salmo 45:1 (NVI) "En mi corazón se agita un bello tema mientras recito mis versos ante el rey; mi lengua es como pluma de un hábil escritor".

¿ALGUNA VEZ HAS estado durmiendo y de repente te despiertas con una historia en tu mente? ¿Has ido manejando y luego ves que un destello de una escena entra en tus pensamientos?

Son impulsos de parte de Dios, una forma de agitar. Nuestra tarea como escribas es buscarlos y administrarlos. Nuestros corazones son impulsados por el Altísimo, y cuando escribimos, escribimos con Su verdad en el centro, trátese de una obra de ficción o no.

Mira la segunda parte de este versículo. "Recito mis versos ante el rey". Si no le podemos leer nuestra historia en voz alta al Rey, entonces deberíamos darle otra pasada a nuestro escrito ¡Qué honor leerle nuestro trabajo al Señor! ¿No quieres estar preparado para hacer cosa semejante? ¿Acaso alguien no practicaría antes de ver al Rey?

La última parte del versículo dice mucho. "Mi lengua es como pluma de un hábil escritor". Necesitamos entrenarnos y equiparnos de forma constante, para convertirnos en ese hábil escritor. Al principio, yo pensaba que era el mejor escritor que había, incluso antes de publicar mi primer libro. Lo sé, probablemente soy el único que piensa tales cosas, ¿verdad? Algunos dicen que así se fortalece la confianza, pero otros dirán que es arrogancia. Estoy de acuerdo con ambas posturas.

En nuestro caminar con el Señor, hay madurez. Con cada paso que damos, aprendemos y crecemos, madurando de manera continua. El

Salmo 45:1 usa una palabra clave: ¡ES! Mi lengua *es*. Esa es una declaración poderosa. Algunos dirán que esto es confianza o arrogancia. Necesitamos trabajar para convertirnos en escritores hábiles. Pero, al mismo tiempo, debemos "declarar" en nuestros corazones, que *somos* escritores hábiles. Cuando confesamos cosas, Dios hace algo sobrenatural en nuestro interior. Recuerda, no somos de este mundo, así que deja de pensar en la arrogancia y asume tu llamado como hijo/hija de Dios, y tira con confianza de tu herencia. No nos ganamos esta herencia. Nos la dieron. Es hora de que entremos en escena. Nuestra confianza viene de parte del Señor por lo que Él ha hecho, no por lo que hemos hecho nosotros mismos.

Ahora bien, ¿cómo discernimos la confianza y la arrogancia? La arrogancia es cuando les dices a todos los que conoces, que eres un gran escritor o que eres un escritor hábil. La confianza es cuando, en privado, le declaras a tu carne y a tu espíritu que ERES un escritor hábil y talentoso. Lo primero provoca arrogancia y lo segundo, te fortalece como persona para asumir tu llamado como Escriba del Reino. ¿Ves la diferencia? Si no es así, pruébalo y observa cómo te sientes en cada experiencia. Cuando salgas con tus amigos, habla de lo bueno que eres como escritor. Mira cómo te sientes después de hacerlo. Luego, prueba lo otro en privado.

Lo digo en broma. Es probable que no tengas que hacerlo, y sugiero que no lo hagas, pero quería aclarar el punto.

Cuando declaras algo, aquello que confiesas importa. Al conjugar declaraciones, y perfeccionar tus habilidades por medio de capacitación práctica, te convertirás en un mejor escritor.

Oración: Papá Dios, es hora de que tu ejército de escribas despierte. Es hora de que tomen su lugar. Ayúdalos a entender quiénes son. Fortalece su mente y corazón y deja que su fe se fortalezca como nunca antes. Protégelos de los susurros de la oscuridad, que dicen que no son lo suficientemente buenos. Tú dices que sí lo son, y eso es todo lo que importa. Señor, bendice a tus escribas y permítenos levantarnos y publicar nuestros escritos en el mundo, para cambiar los corazones y glorificar tu nombre.

Acción: Párate frente al espejo y declara tres veces en voz alta lo siguiente, aumentando el volumen cada vez, "¡Soy un escritor hábil!".

CAPÍTULO 18
ESCRIBE CON CERTEZA

Romanos 5:1-5 (TPT) Nuestra fe en Jesús, nos transfiere la justicia de Dios y ahora Él nos declara impecables ante sus ojos. Esto significa que ahora podemos disfrutar de una paz verdadera y duradera con Dios, todo gracias a lo que nuestro Señor Jesús, el Ungido, ha hecho por nosotros. Nuestra fe nos garantiza el acceso permanente a esta maravillosa bondad que nos ha dado una perfecta relación con Dios. ¡Qué gozo tan increíble estalla dentro de nosotros, mientras seguimos celebrando nuestra esperanza de experimentar la gloria de Dios!
¡Pero eso no es todo! Incluso en tiempos de angustia tenemos una confianza gozosa, sabiendo que nuestras presiones, desarrollarán en nosotros una paciencia resistente. Y la paciencia resistente, refinará nuestro carácter, y el carácter probado nos guía de regreso a la esperanza. Y esta esperanza no es una fantasía decepcionante, porque ¡ahora podemos experimentar el amor infinito de Dios, que como una cascada cae en nuestros corazones a través del Espíritu Santo que vive en nosotros!

ESCRIBE CON CERTEZA.
Nuestra vida debe estar anclada en nuestra certidumbre, por cuanto seguimos a un Dios de certeza.

Durante algunas semanas, el Señor me condujo a leer estos versículos. Cada vez, me maravillaba de lo que me decía la Palabra, de aquello que me recordaba, de lo que necesitaba escuchar. Este pasaje comparte mucho. Observa las palabras clave como "nos declara impecables a sus ojos" y "nuestra fe nos garantiza el acceso permanente a esta maravillosa bondad". ¡Huy! ¡Esto es increíble! Luego mira el tercer versículo, "¡Pero eso no es todo!".

Lo que quiero decirte es que escribas con certeza, que escribas como los discípulos escribieron la Biblia. Deja que el Espíritu Santo fluya a través de ti en el papel.

Yo nunca imaginé ser un escritor fantasma, hasta la producción de *Demons & Thieves* (Demonios & Ladrones, N.T). De manera literal, Dios me instruyó durante todo el proceso, diciéndome qué escribir. Al igual que a los discípulos se les instruyó sobre qué escribir para la Biblia, a mí se me indicó que escribiera una obra de ficción histórica. En el proceso de edición, descubrimos las secciones donde yo había tratado de impregnar mi influencia y las eliminamos.

Es un honor escribir para el Señor.

Eres un Escribano Embajador del Reino de los Cielos. Le traes noticias gloriosas a un mundo en tinieblas. Les llevas un ariete de alegría a los que tienen el rostro endurecido por la tristeza. Por medio de la palabra escrita, dejas caer granadas de amor. Y cada persona que compra tu libro o lee tus palabras, experimenta la explosión de ellas en su alma.

¡El simple hecho de escribir esto, me recargó!

Si Dios te ha llamado a escribir, escribe. Nada debería separarte de ese llamado. Y cuando eres llamado por Dios, entonces debemos apoyarnos en Él y no retener nada. Al igual que en el capítulo en el que hablé de Jesús diciendo: "pasemos al otro lado", podemos confiar en que Dios nos va a ayudar como escritores, con la tarea que nos ha dado. Cuando nos aferramos a esta verdad, podremos escribir con certeza.

Dejemos de pelear las batallas sobre por qué no soy digno, no soy capaz, no tengo tiempo, tengo que trabajar, tengo una familia, estoy enfermo, estoy cansado, y todas las demás excusas que sacamos. La declaración de "no puedo" debe terminar, para que así podamos seguir adelante.

Escribamos con confianza y alegría. No tenemos nada que perder y sí tenemos mucho que ganar. Debes armarte de valor, al punto de que no importe si alguna vez alguien lee tu obra, eso no interesa, porque la escribiste para el Señor y cumpliste con tu asignación. Así es, queremos contar con lectores, pero alinéate tanto con el llamado de Dios, que todo lo que cuente sea Su aprobación, no la del hombre.

Si Él está contigo, ¿quién contra ti? Si Él te ha llamado a escribir algo, entonces no permitas que nada se interponga en tu camino de culminar esa tarea. Apacigua las tormentas, deja a un lado a los demonios que se interponen en tu camino, fortalece tu mente y ¡HAZLO!

Mi oración por los escritores que leen esto: Señor, enciende al escritor destinado que reside en su interior. Agita y despierta su corazón. Inunda su mente con Tus pensamientos e ideas. Permite que la tinta fluya sobre el papel, así como el Espíritu Santo fluye del hombre. Desata sobre ellos la revelación del Reino en sus sueños, mientras manejan, mientras se bañan. Equípalos para que vayan más alto contigo y puedan asumir más y más, a medida que los desarrollas. Ven, Espíritu Santo, e invade las mentalidades e ideas rotas que no se alinean con tus verdades. Pon de nuevo sus pies en el camino que les has abierto. Permite que las palabras se derramen, que las historias desciendan del cielo, entregadas en alas de ángeles.

Declaro paz sobre ustedes ahora, en el nombre de Jesús. Declaro que un enfoque nítido como un láser viene sobre ti y también llega la sabiduría para usar ese enfoque como el Señor te indique. Oro todo esto, en el poderoso nombre de Jesús. ¡Amén!

Acción: Quiero que ores y le preguntes a Papá Dios qué parte de tu escrito quieres compartir. Toma únicamente una parte de él. Pueden ser unas pocas oraciones o un párrafo, para publicarlo en una o varias de tus plataformas de redes sociales. Facebook suele ser un buen lugar. Ponlo ahí fuera. Mira los comentarios que obtienes de él. Solo haz lo que Dios te indique. Puede que no sientas nada al principio. Ora y luego lee algunos de tus trabajos. Dios te dará un codazo, y en el fondo de tu mente oirás: "Esa es. Publica esa parte". Puede que incluso pienses que fue tu propia voz. Síguele la cuerda.

En esta acción, primero escucha a Dios. No publiques nada sin Su dirección. Luego, siéntate, no te muevas de tu publicación, revísala constantemente y observa lo que Dios hace con ella. Seguiste Su dirección. Eso es todo lo que importa. Esta acción te está entrenando hacia Sus afectos.

¿Qué pasa si nadie responde? ¿Qué pasa si alguien dice algo negativo? No importa. Recuerda, tú sigues Su voz y ya tienes su aprobación. Esto te está entrenando a menor escala, a medida que avanzas más y más profundamente en tu llamado como escritor, para obtener Su aprobación antes que cualquier otra cosa. Y una vez que cuentas con Su aprobación, ya no importa nada más.

CAPÍTULO 19
ESCRITURA PROFÉTICA

Apocalipsis 1:19(ESV) Escribe por lo tanto, las cosas que has visto, y las que son, y las que han de ser después de éstas.

A ESTO LE LLAMO escritura profética.

Me encanta que me guíen a escrituras como esta. Dale un vistazo conmigo. Exploremos juntos. Comienza con "escribe por lo tanto". Es una orden. Escribe lo que has visto, lo que has experimentado, lo que has vivido.

Este versículo comienza con un imperativo. "Escribe". Y así se conectan los puntos (por lo tanto). Escribe las cosas que has visto. Escribe lo que ha sucedido, lo que está sucediendo, y aquí está el truco, lo que sucederá.

Verás que escribirás sobre cosas que aún no han sucedido (y esto también aplica para los escritores de ficción). ¿Cuántos libros de ciencia ficción se consideraron que eran ideas o conceptos imposibles, para terminar siendo testigos de que se cumplían en nuestra vida?

Dios nos mostrará cosas para que escribamos sobre ellas. Él traerá a memoria recuerdos que alguna vez estuvieron dormidos y olvidados en nuestro interior. Toma nota de esos momentos. Dios también nos mostrará las cosas que sucederán. Un evento futuro. Toma nota de ellos y ora al respecto. Un hombre sabio busca consejo, así que contáctate con tus guerreros de oración, tu pastor, tu amigo de confianza y comparte tus pensamientos. Obtén confirmación mientras escribes declaraciones proféticas.

Si eres un escritor de ficción, ora para saber de qué manera Dios quiere que lances tu palabra, y luego deja que la historia se adhiera a tu corazón mientras la viertes en el papel o la pantalla.

Diviértete explorando con Dios. Ten encuentros asombrosos con Él, con quien te hizo y te formó, y te destinó a estar aquí en este tiempo y en este lugar, leyendo este libro.

La escritura profética no tiene por qué ser intensa o estresante. Permíteme darte un ejemplo. Es posible que en tu historia tengas un personaje principal, que te represente en realidad. Estás escribiendo, trazando a este personaje como si fueras él/ella. Mientras escribes, nos muestras que este personaje es un autor famoso que acaba de superar las ventas de J.K Rowling (*Harry Potter*), y que está lidiando con las emociones de pasar de vivir hace apenas unos meses en su carro en las calles, para vivir ahora en una suite del ático, y observar desde allí las luces de la ciudad que destellan abajo.

Deja que esta escena sea un escrito profético para ti y para tu futuro. No escribas únicamente una historia interesante; imparte cosas sobre ti y sobre quienes las lean. Invoca las cosas de manera profética.

Esta es la definición de "profético": describir o predecir con precisión, lo que sucederá en el futuro. Dios nos ha dado este regalo y quiere que deseemos ansiosamente estos dones. Pero recuerda, este don es para edificar y animar al Cuerpo de Cristo.

1 Corintios 14:1 "Empéñense en seguir el amor y ambicionen los dones del Espíritu, sobre todo el de profecía".

Haz esta oración: Señor, muéstrame cosas. Revélame cosas que no se han visto, ni se han oído.

Acción: Haz esta oración y luego siéntate en silencio, escuchando durante 10 minutos. Después, escribe lo que Él te mostró, en tu cuaderno de apuntes personales. Incluso si no viste ni escuchaste nada, comienza a escribir de todos modos. Me he dado cuenta de que Dios me muestra las cosas mientras escribo. Empieza por escribir tus sentimientos o cualquier pensamiento que se te ocurra y déjalo fluir, sin editarlo. Hazlo, hasta que sientas en tu interior, que es hora de dejar de escribir. A continuación, lee lo que escribiste. Dios captará tu atención, resaltando algo. Podría ser una idea para tu próximo libro. Uno nunca sabe.

CAPÍTULO 20
VENTAS VS. ALMAS

Colosenses 3:23 (RVR1977) Y todo lo que hagáis, hacedlo de corazón, como para el Señor y no para los hombres...

E S LAMENTABLE QUE muchos escritores del Reino estén en pos de lo que busca el hombre, en lugar de perseguir aquello que busca Dios.

Lo he visto una y otra vez. Por ejemplo, si estoy en una reunión de autores cristianos, muchos escritores hablan sobre los últimos rumores, y sobre lo que deberían escribir para generar más ventas. Incluso intentan involucrarte en su conversación, preguntándote qué es lo que haces para lograr vender. La pregunta no es mala, ahí el punto es la motivación que percibes detrás de ella. Es como cuando a un pastor de una iglesia, lo que todos le preguntan es cuántas personas asisten a su congregación. Vivimos comparándonos con los números. Si te digo que hasta ahora, mi libro solo ha vendido 10 copias, tal vez vayas en busca de otra persona que haya vendido 1.000 copias, para prestarle más atención. ¿Por qué? Porque en nuestra carne, ansiamos el éxito y en nuestra carne, vemos que 10 libros vendidos son un fracaso y percibimos que 1.000 libros en ventas son un éxito. Descartamos por completo, la historia que hay detrás de las ventas.

Profundicemos un poco más con esta comparación de 10 y 1.000. Nosotros no sabemos lo que Dios está haciendo. Puede que con la persona que fue rechazada por tantos, por causa de sus pésimas ventas, pasamos por alto que de los diez que leyeron el libro, uno era un niño y que al final terminó convirtiéndose en el próximo Billy Graham o C.S. Lewis, y que el libro contribuyó con su éxito. Y que debido al éxito de este muchacho, quien en su momento hizo mención del libro que únicamente vendió 10 ejemplares, se estén vendiendo ahora millones de copias. Después, cuando lo comparamos con el libro que había vendido 1.000 copias, notamos que ese vendió unos cientos más, no más.

Te lo digo porque yo he pasado por eso y he hecho lo mismo cuando de comparar se trata. Incluso he sido de los que totaliza mis propias ventas, para tratar de ser alguien ante los ojos de los demás. Dios me ha estado hablando cada vez más acerca de que las ventas no importan. Lo único que importa es Dios. ¿Qué es lo que dice? ¿Qué desea Él? ¿Qué es lo que Dios quiere hacer con esta asignación de escritura que te ha encomendado?

Como creyentes, debemos cambiar nuestra mentalidad, para preguntarle a Dios sobre qué quiere que escribamos y no para andar preguntándonos qué es lo que quiere el mundo. Yo creo que Dios sabe que es lo que está haciendo. ¿Y tú?

Entre más nos alineemos con Él, mejor vamos a estar.

Nuestra motivación no deberían ser las ventas, sino las *almas*. Nuestra actitud como cristianos debe cambiar, pues no somos de este mundo. Nosotros escribimos desde una perspectiva que en realidad, no es la nuestra. Escribimos para afectar a las generaciones que vienen detrás de nosotros. Escribimos para provocar un cambio en nuestro mundo. Escribimos para conmover los corazones de los hombres. Escribimos para darle gloria a Dios, no para dárnoslas a nosotros mismos.

Oración: Señor, déjanos tener paz con relación al llamado que has puesto en nuestras vidas. Permítenos enfocarnos en Ti y no en el agua sobre la cual caminamos, ni en las tormentas que nos rodean. Espíritu Santo, permítenos permanecer en sintonía contigo. Guíanos, enséñanos, muéstranos el camino por el que quieres que andemos. No nos metas en tentación, mas líbranos del mal. Como autores, líbranos de nuestra carne, que quiere prosperar en la codicia y la lujuria. Recuérdanos que la fama no es mala, pero que debe provenir de Ti, ligada a nuestra tarea. Permítenos administrar la fama como Escritores del Reino, para que te glorifiquemos a ti y no a nosotros mismos. Tráenos favor e influencia, para que la podamos utilizar para hacerte famoso. Te amamos, Dios. Amamos todo de Ti. Hacemos lo que estamos llamados a hacer, por amor. Y te agradecemos porque Tú nos amaste primero. Bendice nuestra escritura. Bendice nuestra asignación y que nuestros escritos lleguen a las personas que tú has destinado que alcancemos a través de ellos, te lo pedimos en el maravilloso y poderoso nombre de Jesús. ¡Amén!

Acción: Consigue una bolsa con cierre hermético que tenga el tamaño suficiente para guardar tu manuscrito, tu libro o lo que sea que estés escribiendo. Si todavía no has empezado a escribir, puedes imprimir el título y la descripción del tema. El punto es que en esta bolsa tengas algo que simbolice tu proyecto.

Ahora, ve y llena tu lavaplatos con agua. No importa si es agua tibia o fría. No tienes que llenarlo por completo, por lo menos hasta la mitad. Asegúrate de que la bolsa esté sellada del todo. Úngela con aceite (si tienes). El aceite de oliva funciona bien. Ora por tu asignación. Tómate un momento para sentir de corazón el llamamiento que Dios te ha dado como Escritor del Reino.

Toma tu bolsa y bautízala en el nombre del Padre, del Hijo y del Espíritu Santo. Dedícale tu asignación a Dios y agradécele por aquello que Él inhala y exhala a través de ti.

Por último, tómate una foto sosteniendo tu bolsa chorreando agua. Permite que sea un recordatorio para ti. Imprímela y mantenla a la vista en tu lugar de trabajo o en algún lugar donde puedas verla con frecuencia. Captura el momento. Que sea una piedra conmemorativa.

CAPÍTULO 21
ABRAZA SU HISTORIA

Lucas 9:23 (TPT) Jesús les dijo a todos sus seguidores: Si realmente desean ser mis discípulos, deben negarse por completo a sus vidas, abrazar mi "cruz" como propia, y rendirse a mis caminos.

ESTA DECLARACIÓN NO tiene fondo, es muy profunda, pero quiero darte una nueva perspectiva al respecto. Recuerda, estoy viéndola con los lentes de un escritor. Si en realidad queremos aprender de Jesús, entonces DEBEMOS desconectarnos POR COMPLETO de nuestras propias historias y acoger SUS historias, abrazándolas como si fueran nuestras.

¿Qué, qué?

En un principio, tenemos por contar nuestras historias. De justicia, fuerza de voluntad, experiencia, y todas son historias geniales. Pero seamos honestos, y miremos profundamente nuestro interior. La historia que en la actualidad estás tejiendo proviene, en parte, de Dios. También tiene mucho de ti, y así debe ser. Dios te ama y quiere unirse a ti en tu narración, así que no hay nada de malo en eso. Dirígete en pos de ello.

PERO, lo que me dice este versículo, es que hay otra forma de impartirle historias a este mundo. Se trata de Su manera: entregarnos a Su proceso por completo.

Yo escribí tres novelas épicas de fantasía y un libro para niños antes de darme cuenta de esta verdad. Durante mi tiempo de oración, comencé a hacer esta pregunta: "Dios, ¿qué historia quieres que cuente?

¿Hay algo que quieras liberar a través de mí?". La respuesta siempre
había sí, pero Él estaba esperando que yo le preguntara.

Dios me dio una de Sus historias, muchos años antes de que
publicara mi primer libro. En ese momento, pensé que era una historia
para que alguien más la contara porque estaba fuera de mi zona de
confort. No pertenecía a mi género. No era la historia que yo quería
contar. *Demons & Thieves* (Demonios & Ladrones, N.T) es toda Suya.
Sí, yo co-laboré para escribirla, pero la historia es toda Suya. Y vaya que
es una historia INCREÍBLE. Es difícil creer que yo la escribí. Creer
que Él me la confió también es difícil.

Te animo a que des a luz tu historia. ¡Simplemente escribe! Y
cuando estés listo (y me refiero a estar listo en todo el sentido de la
palabra), haz la siguiente oración. Abrazar Su cruz (Su historia) es un
privilegio increíble, así que prepara tu corazón, mente, alma y fuerza
para rendirle tus caminos y comprometerte plenamente con Él.

Oración: Señor, ¿qué historia te gustaría que contara en tu
nombre? Déjame ser tu campeón narrador, y escribir la historia
que quieres contar. Comisióname, Señor. Aquí estoy, envíamela.

Acción: Después de orar, escribe en tu cuaderno de apuntes
personales, lo que escuches de parte de Dios. Pasa bastante
tiempo escuchando. Puede que tengas que hacer como la viuda
persistente, y continuar pidiendo la historia. Sigue escribiendo
lo que escuchas. Te darás cuenta cuando Él te la de, porque
estará más allá de cualquier cosa que pudieras haber imaginado
por cuenta propia.

Cuarta Sección:
Imparticiones

CAPÍTULO 22
ADDISON'S WALK - OXFORD, REINO UNIDO, SEPTIEMBRE DE 2017

COMO ESCRITORES, NOSOTROS somos pioneros en todos los aspectos.

¿Por qué?

Porque vamos a lugares en los que nunca hemos estado antes y compartimos lo que experimentamos mientras estuvimos allí. Vamos a mundos extranjeros, visitamos nuevas creaciones, nuevas personas e incluso descubrimos cosas nuevas acerca de nosotros mismos.

Uno de mis sueños era ir a Oxford, Reino Unido. Quería caminar por las calles de los legendarios pioneros J.R.R. Tolkien y C.S. Lewis. En 2016, hicimos el lanzamiento de Kingdom Writers Assocciation (en español, Asociación de Escritores del Reino, N.T) y, a finales de ese año, estaba trabajando en la manera de llegar a Oxford. En mi mente y en mi corazón, estaba listo para irme, sin tener idea de la logística que implicaría hacerlo.

¡Pero Dios…!

El Espíritu Santo comenzó a alinear todo. A medida que yo avanzaba, mi enfoque se desplazó y pasó de estar únicamente en mi esposa y en mí, para pasar a preguntarme quién más querría ir conmigo en esta loca aventura. Fue entonces cuando el Retiro del Escritor pasó a primer plano. No tardó mucho en cambiar su nombre al de Avance de Escritores (en inglés, Writers Advance, N.T) ya que sentí con intensidad (y todavía lo considero así) que nuestras palabras importan y la palabra "retiro" no sonaba bien, así de sencillo.

¡Nosotros no nos retiramos, avanzamos!

Entonces nos asociamos con otro grupo de escritores, dirigido por el Dr. Mark Stibbe, quien lidera "Kingdom Writing Solutions" en el Reino Unido. Juntos, formamos un "Avance" que creo que será difícil de replicar. La vara quedó muy arriba, es decir, teniendo en cuenta que era la primera vez que cada uno de nosotros hacía algo semejante. De parte y parte, trabajamos mucho coordinando cada aspecto. Sin Mark y su increíble esposa Cherith, lograrlo por mi cuenta hubiera sido complejo.

Una de las primeras cosas en la parte superior de nuestra lista era caminar por "Addison's Walk" lugar ubicado en el campus de Magdalen College. Es un sendero pintoresco alrededor de una pequeña isla a lo largo del río Cherwell. Este es un lugar especial ya que se cuenta que C.S. Lewis, J.R.R. Tolkien y Hugo Dyson caminaban juntos por allí, hablando de Dios, compartiendo metáforas y mitos, y que tuvieron una experiencia maravillosa. He aquí las palabras que C.S. Lewis le dijo a un amigo, dos días después de lo ocurrido.

"Comenzamos (justo después de la cena, en el paseo de Addison) con la metáfora y el mito, lo cual fue interrumpido por una ráfaga de viento que llegó de manera muy repentina sobre la tarde calurosa y tranquila, y que desplazó tantas hojas que pensamos que estaba lloviendo. Todos contuvimos la respiración, los dos que estaban conmigo estaban apreciando el éxtasis de aquello, casi como tú lo harías. Continuamos (en mi habitación) hablando sobre el cristianismo: una larga y satisfactoria charla en la que aprendí mucho: luego, discutimos la diferencia entre el amor y la amistad, y finalmente volvimos a la poesía y los libros". - *Carta a Arthur Greeves, septiembre 22 de 1931.*

Es interesante que nosotros fuéramos hasta allá, en septiembre de 2017, más o menos en la misma temporada en que Lewis estuvo en el Addison's Walk con su grupo en 1931, 86 años antes. Para ese momento, ya habíamos pasado días en Oxford, y había un día especial de gira planeado. Para dicha jornada, coordinamos con el grupo para ver varios lugares claves. Aquella, fue nuestra última parada del día, y en realidad, dejamos lo mejor para el final. Al describirte esta experiencia, mi mente recuerda todo lo que vi mientras estábamos allí. La famosa librería Blackwell, Pembroke College donde J.R.R. Tolkien enseñó durante 20 años, Bodleian Library, el hogar de C.S. Lewis y la tumba de ambos hombres. Yo tenía en la cima de mi mente y corazón llegar a este lugar tan significativo con nuestro grupo. No podía decirte por qué, pero tenía un impulso intenso y fuerte de estar allá. Yo *necesitaba* estar ahí. Una de las cosas que les dije a los miembros de KWA antes de irnos de los Estados Unidos, era que me iba a Oxford y que no regresaría sin cojear. Iba a recibir algo de Dios y lucharía por ello, tal como había hecho Jacob.

El Dr. Mark Stibbe y yo encontramos un buen lugar en el sendero. A nuestro alrededor, había paisajes de ensueño con árboles, río y belleza. Mark me dijo: "Brae, ¿por qué no dices algunas palabras y oras?".

Yo no había pensado en decir nada más allá de que el lugar era muy especial, y que en realidad, en mi cabeza todavía no cabía que estuviera allí. Dije algunas palabras explicando el significado de ese espacio, y luego leí la parte de la carta de C.S. Lewis donde describía la ráfaga de viento que había llegado de repente. Comencé a orar y me sentí sobrecogido por el Espíritu Santo. Sentí con mucha fuerza que era hora de escuchar, así que les indiqué a todos que se enfocaran en Dios y que escucharan lo que Él tenía que decirnos a cada uno de nosotros de manera individual.

Estábamos en un silencio Santo, y de repente, el viento se precipitó, soplando a través de los árboles. Sonaba como agua que corre. Luego, oímos grandes gotas, como si alguien estuviera arrojando piedras al río que teníamos detrás. Aquello cesó después de un minuto, y todos nos miramos asombrados. Cada uno, comenzó a compartir lo que había escuchado y visto con Papá Dios durante ese tiempo.

"¿Qué era ese sonido que escuchamos?". Pregunté. John Spencer, del equipo del Reino Unido, contestó: "Eran semillas que cayeron de los árboles y tocaron el río". Prosiguió diciéndonos cuál era el significado de esas semillas mientras caían. Ellas caen al agua y son llevadas río abajo, donde se plantarán más lejos y un nuevo árbol nacerá. Este fue un ejemplo de lo que somos, y de quiénes somos como escritores. El mensaje de Dios para nosotros era claro. Somos Sus escribas, y nuestra escritura se convierte en las semillas que se llevan alrededor del mundo, y que hacen que nazca una nueva vida.

Cada uno de nosotros buscó una semilla y se la llevó a casa, como recordatorio de lo que sucedió aquel día. Mi semilla, está en mi oficina dentro de una vitrina especial, que alberga artículos recolectados en varios lugares de Oxford, producto de este increíble viaje que me cambió la vida. La vitrina contiene mi recordatorio del mensaje que Dios nos impartió en Addison's Walk.

Tu escritura es un árbol. Ese árbol está creando y liberando semillas que caen y viajan a nuevos lugares, donde se plantan para crear más árboles. Es una imagen hermosa. Aférrate a ella. Recíbela.

Oración: Hago una bendición especial por quienes la leen, es una oración de viaje. Señor, bendícelos, abriéndoles puertas para que viajen por el mundo a lugares como Oxford o Israel. Declaro este favor y estas bendiciones en el poderoso nombre de Jesús. ¡Amén!

Acción: Como Escriba del Reino, te animo a que hagas un peregrinaje a Oxford. Para los escritores, es un lugar que se siente más cerca al cielo que cualquier otro, como si el cielo y la tierra colisionaran, haciendo que uno sienta que el cielo está más al alcance que antes. Tengo planeado viajar allá con grupos de manera periódica, así que puedes contactarme si quieres ver si los viajes se ajustan a tu agenda. Contáctame para conocer nuestra próxima fecha de salida. Visita www.KingdomWritersAssociation.com

CAPÍTULO 23
Imparticiones y Mantos

Romanos 1:11 (NVI) Tengo muchos deseos de verlos para impartirles algún don espiritual que los fortalezca.

INMEDIATAMENTE DESPUÉS DE nuestro primer viaje a Oxford en 2017, mi esposa y yo nos embarcamos en un viaje y una aventura personal en Escocia. Durante nuestro último día allá, entramos en la ciudad de Edimburgo, y teníamos un destino determinado. Queríamos visitar el mismo restaurante en el que J.K. Rowling había escrito la mayor parte de *Harry Potter: La Piedra Filosofal*. Hoy en día, The Elephant House, es muy conocido debido al éxito increíble de la autora con la serie de los libros.

Entramos en el establecimiento y mi esposa preguntó si podíamos sentarnos donde se había sentado ella. Ahora bien, yo pensé que era probable que eso no pasara, pero el camarero sonrió y dijo: "Síganme". Nos llevó justo a esa mesa, lo confirmamos por las entrevistas que le habían hecho a ella y que nosotros habíamos visto. Por la ventana, se veía el castillo. Desayunamos, oramos y escribimos en nuestros diarios. A continuación, te comparto lo que escribí en mi cuaderno de apuntes personales, palabra por palabra, sin edición alguna.

Espero que lo que recibimos al estar allí, se transmita y se multiplique a través de cada uno de quienes lo lean. Oro para que se desate el narrador que hay dentro de ti, en el nombre de Jesús.

21/9/17 The Elephant House en Edimburgo, Escocia

Me siento en el lugar donde se hizo quien escribió la serie que cambió el mundo. Estoy desayunando, mientras un antiguo castillo reposa fuera de mi ventana sin hacer nada, esperando a que entremos por sus puertas. Estoy viendo a mi novia sumergirse en la atmósfera de quien hoy en día es un personaje notable; ella escribe su propia prosa. ¿Será que de verdad podemos captar el pensamiento y la mente de un individuo, al visitar los mismos lugares en los que residió? Solo Dios concede los deseos de quienes lo buscan. A través de esta aventura, viajamos con el Viajero de los viajeros, y es por Sus llagas, que fluyen nuestras historias. ¿Qué historias surgirán de nuestra pequeña visita a esta tierra extranjera, bajo el paraguas de una obra de arte que no es tan extranjera en cuanto a la escritura de libros? No me aguanto las ganas de saberlo.

21/9/17 The Elephant House en Edimburgo, Escocia

Las historias fluyen, fluyen las historias
Deja que brille la luz de las letras
Tu espíritu reside en el fondo
En lo recóndito de mi mente
Saca las historias de antaño
Las historias de oro
Donde las impurezas se hincan
Y donde no se acobarda la verdad revelada
Las historias fluyen, fluyen las historias
Deja que brille la luz de las letras

Oración: Señor Jesús, levanto una oración de impartición para narrar historias sobre quienes la leen. Permite que sus historias brillen más que antes. Concede que sus historias de intriga lleven al lector hasta donde Tú estás, más cerca y con mayor profundidad. Enciende un fuego al interior del narrador, uno que nunca disminuye, que nunca se apaga, que nunca ceda. Te imparto una bendición sobrenatural ahora mismo, en el nombre de Jesús. Deja que todo aquello en lo que yo fluyo como escritor, te llene ahora, en el nombre de Jesús. Espíritu Santo, invade todos los aspectos de sus escritos. Sumérgete en las grietas de su imaginación, en el nombre de Jesús.

Acción: Tómate un tiempo para investigar sobre tu ciudad y descubrir quién ha sido un escritor exitoso. Devela la historia de tu ciudad en lo que respecta a la escritura. Agita esos pozos antiguos, que no conoce nadie o de los que nadie habla. Para nosotros, como creyentes, hay cosas que quedan atrás en el reino espiritual, con el fin de que las descubramos. Ora con Papá Dios y haz que Él te guíe en tu aventura de descubrimiento. Ora y pide por imparticiones que el pasado dejó atrás.

CAPÍTULO 24
ESCRITOS SOBRENATURALES

Hechos 19:11-12 (NVI) Dios hacía milagros extraordinarios por medio de Pablo, a tal grado que a los enfermos les llevaban pañuelos y delantales que habían tocado el cuerpo de Pablo, y quedaban sanos de sus enfermedades, y los espíritus malignos salían de ellos.

NUNCA SABREMOS A cabalidad, la profundidad de la influencia de nuestros libros. Nunca veremos dónde, ni cómo fue que nuestros libros llegaron hasta ciertos lugares y abrieron los ojos del lector, en ese espacio y en ese tiempo.

Puede que estés pensando que este es un versículo extraño para el devocional de un escritor, pero te aseguro que no es así. En este pasaje vemos que ocurre una transferencia, una impartición sobrenatural, de parte de los creyentes a quienes entran en contacto con un objeto en particular.

Este tipo de sucesos se encuentran por toda la Biblia. Y nuestra escritura no es una excepción. ¿Acaso no somos sanados y liberados por las palabras que leemos en la Biblia?

¿Por qué?

La Biblia que ahora estás leyendo, fue impresa en una imprenta en algún lugar del mundo, empaquetada, almacenada, enviada, al igual que miles de millones de otras. Entonces, ¿a qué se debe que tu Biblia sea más especial que las demás? No se trata de un simple libro impreso. TODAS las Biblias tienen en su interior *palabras vivientes*. Se presenta una transferencia sobrenatural desde El Autor hacia el lector. Lo mismo sucede con nuestros libros, porque somos Escribas del Reino. Esta no es una vocación menor. A partir de lo que escribimos, la vida de las personas cambia de forma radical, ya sea que escribamos ficción o no.

La mujer que estaba lidiando con el flujo de sangre extendió la mano, para tocar simplemente el borde del manto de Jesús. Se sanó al instante. Ella no lo tocó, únicamente posó su mano en una prenda de su vestidura. Ni siquiera fue una gran parte de su atuendo, era un bordecito de Su manto. Nadie oró por ella. Nadie la señaló y la llamó para que se presentara ante Jesús. Básicamente, ella creía en su corazón que si podía tocar su ropa, sería libre. ¡Asombroso!

¿Acaso no oramos antes, durante y después de escribir nuestros libros? ¿No tenemos la esperanza de que nuestras palabras toquen vidas, en el nombre de Jesús? Por supuesto que sí. ¿Entonces por qué no deberíamos esperar que las personas sean sanadas, liberadas y puestas en libertad cuando leen nuestros libros? ¡Por favor, no demerites tus palabras! Tu historia NUNCA será una mera historia que entretenga o eduque.

Cree que Dios te ha llamado a liberar algo sobrenatural a través de tu escritura, porque es verdad. Tú estás escribiendo para sanar a la gente y liberarla. A través de lo que escribes, el Espíritu Santo se infiltrará en los lugares más locos de ellos.

Una de las palabras proféticas que me dieron antes de comenzar a escribir mi primer libro, fue que en mis escritos habría un elemento medicinal. En ese momento no tuvo mucho sentido, pero ahora, ¡sí que lo creo!

Una mujer increíble llamada Liza me contactó. Esto fue lo que me escribió:

"Hola, Brae. Soy Liza. Solo quiero hacerte saber que me estás ayudando a perseverar en medio de mis tratamientos actuales de oxígeno hiperbárico. El jueves, en el momento perfecto de Dios, comencé a leer Demons and Thieves *(Demonios & Ladrones, N.T), ¡y me está ayudando a que los tratamientos diarios de dos horas se aceleren! Tu historia, diálogo y emoción convincentes, constituyen una gran distracción para mi dolor físico y la*

presión profunda de la cámara y la capucha que tengo sobre mi cabeza, mientras respiro oxígeno al 100%. Durante mi tiempo en la cámara, había estado leyendo algunos libros, de autores como Shawn Bolz y Graham Cooke… y aunque son geniales, dichos los libros no me atrajeron de forma tan dramática como el tuyo. ¡Así que gracias por estar aquí conmigo, en medio del proceso de sanidad de Dios en mi vida!".

¡Huy! Dios está tocando de forma sobrenatural las vidas de todos los que leen mis libros. Puede que no escuche todas las historias de cómo, cuándo y dónde. ¡Pero en mi corazón, tengo la certeza de que se están produciendo señales y maravillas para aquellos que leen mis libros! Yo creo en un Dios que todo lo hace posible. Y creo también, que nuestro Dios está haciendo lo mismo con todos sus Escribas del Reino.

Escritores, escriban con confianza. Escribe sabiendo que estás impartiendo algo que el Espíritu Santo que reside en tu interior, ha cargado de manera sobrenatural.

¡Qué privilegio ser llamado Escriba del Reino!

Oración: Oro por ti ahora mismo, para que entiendas el poder que está en tus manos, al alcance de ellas. Oro para que administres tus escritos y seas plenamente consciente de quién eres en Cristo Jesús. Tú eres un hijo/a del Altísimo. Él cree en ti, y ahora es el momento de creerle al que cree en ti. Es hora de que respondas a Su llamado. No te rindas. No te entregues. Al contrario, levántate y profundiza en Él.

Acción: Premisa de escritura. Quiero que tomes la escena de la mujer con el flujo de sangre, cuando toca el borde del manto de Jesús y que escribas sobre eso. Quiero que le des vida a la escena. Agrégale color, lo que ella ve, el sabor de su boca, la emoción de la situación, la expectativa, la esperanza que ella tenía, el toque y cómo se sintió. Quiero que añadas todos los sentidos y emociones. Este tipo de elemento de la escritura, es el que te entrenará de manera sobrenatural, para escribir de modo que mientras otros leen tu obra, les impartas sanidad y avance.

CAPÍTULO 25
ESCRIBIR EN UN LIBRO

Jeremías 30:2 (NVI) Así dice el Señor, el Dios de Israel: "Escribe en un libro todas las palabras que te he dicho".

DIOS NO ESCRIBIÓ como si fuera un pasatiempo, y nosotros tampoco deberíamos hacerlo de esa manera.

Como podemos apreciar en este pasaje, Él es muy claro con quienes son llamados a escribir. Si no sabes por dónde empezar a escribir, de ser tú, yo empezaría escribiendo TODAS las palabras que Dios te ha dicho. Escribe los sueños que has tenido, los premios que recibiste en la escuela por escribir. Escribe la historia de tu familia e indaga si dentro de tu línea familiar, hay alguna tendencia o intento por escribir. Escribe sobre el lugar donde creciste e investiga la historia de tu ciudad. Escribe las palabras proféticas que te han dado. Puede que descubras algo.

Ahora bien, si no sabes a qué me refiero cuando digo "palabra profética", permíteme explicarte.

Como vemos en 1 Corintios 14, algunos tienen el don de profecía. Básicamente, las personas, pueden escuchar al Señor e impartirle a un individuo lo que escuchan. Puede ser algo general o con una minucia extrema, pero para quien la reciba, siempre será edificante y alentador. La profecía está ahí para edificar al cuerpo de Cristo.

La profecía es un don. El oficio de un profeta es un tema completamente diferente, y si te interesa ahondar un poco más en el asunto, hay muchos libros que hablan sobre la diferencia entre ambos términos. Yo no voy a abordarlo aquí.

A estas alturas, tú crees que estás llamado a ser escritor. Crees que de manera específica, Dios quiere que escribas algo y que lo lances hacia el mundo. Algunos de ustedes no saben por dónde empezar. No tienen idea de cómo estructurar su historia, o puede que incluso todavía no se haya manifestado cuál es el corazón de la historia. Puede que tengan ideas sutiles, pero no hay nada que encaje del todo.

En este capítulo y de forma específica, por medio de este pasaje, puedes comenzar aquí y hacer justo lo que Dios te indicó que hicieras. Escribe TODAS las palabras que te ha dicho. Es posible que ya tengas muchas de ellas en tus cuadernos de apuntes personales. Es hora de examinarlas, compilarlas, reunirlas en un solo lugar, para que las puedas ver juntas. En algún lugar de esas palabras hay un tema, una historia, que Dios te revelará.

Cierta vez escuché que nuestras lágrimas apuntan hacia nuestro destino. Quizás en tu cuaderno de apuntes personales, allí donde abres tu corazón, compartes tus dolores, tus luchas, tus lágrimas, encontrarás el tema que Dios está resaltando para que abordes tu tarea de escritura. Tal vez Dios quiera que escribas un blog sobre ese tópico y no un libro. Quizás sea un guion o ¿qué te parece una obra de teatro para Broadway? Explora con Papá Dios. Él dirigirá tu camino. Una vez que tengas asegurado aquello sobre lo que se supone que debes escribir, llegará un momento en el que recordarás este tiempo que pasaste con Dios, y verás que durante el proceso de descubrimiento, estuviste más cerca de Él. A veces, nuestra tarea de escritura es acercarnos más a Él. ¿No es acaso allí ahí donde queremos estar?

Oración: Dios, acércanos más a ti. Queremos estar contigo. Queremos sentirte cerca. Por mucho que queramos cumplir con nuestro llamado, queremos estar lo más cerca posible de ti. Tú estás dentro de nosotros. Has elegido morar en nuestro interior. Que no cerremos la puerta, sino que la abramos. Abrir la puerta, da cuenta de una invitación a entrar. A profundizar más. Profundicemos juntos en cualesquier cosa que sea. Todos estamos adentro, metidos en el asunto. Permite que nada nos sacuda. Que nada nos separe. Ni siquiera nuestra asignación.

Acción: Escribe todas tus palabras proféticas, sueños, historia de tu familia, la historia de la ciudad en la que creciste, los premios que ganaste en el colegio, etc. Recopila todo, y ora para encontrar aquello que Dios te está diciendo.

CAPÍTULO 26
PALABRAS PROFÉTICAS

1 Corintios 13: 9-10 (NIV) Porque en parte conocemos y en parte profetizamos, pero cuando llega la plenitud, lo que es en parte desaparece.

L AS PALABRAS PROFÉTICAS que recibimos son muy interesantes. Debemos orar por ellas. Pero también debemos entender que lo que la gente impartió fue solo una parte. Ellos no recibieron la imagen completa, así que nuestra tarea como destinatarios es persistir en ellas. Al ser creyentes que recibimos dicha profecía, debemos pedir, buscar, llamar y orarle a Dios para que nos aclare la palabra. Puede que comprender a plenitud la palabra y su relevación nos tome años. Aunque en otras ocasiones, el "100%" del asunto nos llega al día siguiente. Recuerda que estás en el tiempo perfecto de Dios. Podríamos apresurarnos en las cosas, para luego rascarnos la cabeza y decir: "Dios, ¿qué pasó? Pensé que habías dicho…". Yo lo he hecho, a todos nos ha pasado. Pero a medida que maduramos y crecemos en nuestra fe, comenzamos a avanzar hacia una sabiduría más profunda. Tengo palabras que han sido declaradas sobre mi vida y que todavía no se han cumplido. Pero no las dejo atrás. Sigo recordándole a Dios que me interesa cumplirlas. Y, para ser honesto, también me lo recuerdo a mí mismo. Algunas palabras todavía están en proceso.

Déjame compartirte mi testimonio sobre una palabra profética que recibí. Yo trabajé durante más de 20 años en mi primer libro, The Orb of Truth (en español, El Orbe de la Verdad, N.T). Aquella fue una relación intermitente, terminamos varias veces, y golpee las paredes a lo largo del camino. En realidad todo ha sido una gran travesía. A finales de 2010 escuché de parte de Dios claramente (y de forma personal) que "nosotros" íbamos a terminar el libro en 2011. Yo oí eso en noviembre. Habíamos estado asistiendo a Awakening Church por un tiempo, y nunca había habido ningún momento en el servicio, donde se señalara a los escritores para identificarlos. Bueno, un mes después, todos los escritores fueron llamados a pasar al frente de la iglesia una noche. La pastora Karlet Muster oró por cada uno de nosotros y me entregaron el siguiente mensaje:

1. **Jesús va a estar allí cuando escribas**

2. **Sería el primero de muchos libros por escribir**

3. **El bloqueo de escritor se rompía**

4. **Dios me mostraría cosas en las que yo no había pensado nunca**

5. **En mi escritura, habría un elemento medicinal**

Ahora bien, la pastora Karlet no tenía idea de que yo era un escritor, o de lo que estaba escribiendo. Y hacía unas semanas, yo acababa de escuchar de parte de Dios, que terminaríamos mi libro en 2011. Todo se estaba alineando.

Inició enero y comencé a escribir el primer capítulo. Yo tenía elementos listos para cada uno de mis capítulos, pero cuando co-laboras con Dios, Él dirige tu camino. Yo tenía mis ideas, pero Dios también. Trabajamos juntos. A Él le encantaban mis ideas y yo apreciaba su opinión. En mi vida, todo parecía estar cambiando, y mi enfoque fue más profundo. Era como si las palabras fluyeran simplemente, sin preocupaciones sobre lo que iba a escribir a continuación o acerca de cómo terminaría el capítulo. ¡Mi objetivo era únicamente escribir y divertirme! Escribí con una nueva confianza.

Dios estaba conmigo.

Llegó el 10 de enero y de la nada, me despidieron del trabajo. Fue una gran SORPRESA, ya que había estado en la empresa durante más de 10 años, y de repente, todo había terminado. Por un momento, mi corazón se atascó en un "¿Qué, qué?, es increíble". Pero en general, tenía una sensación de paz al respecto y en lo único que pensaba era en escribir el próximo capítulo de mi libro. No me malinterpretes, también pensé en mantener a mi familia. Pero mi esposa y yo habíamos planeado juntos una estrategia antes de que esto sucediera (ya sabes, el escenario de "¿y si pierdes tu trabajo?"). Dios es bueno, dejemos así.

A partir de todo esto, surgieron toneladas de historias de parte de Dios.

Terminé mi primera novela en seis meses, la hice circular por un grupo de críticos, contraté al editor y al artista gráfico para que hiciera la portada del libro. Luego, averigüé como lograr que me publicaran, me comuniqué con los editores y, al recibir cartas de rechazo, indagué sobre la publicación de forma independiente.

Y entonces sucedió.

El 12 de noviembre de 2012, se publicó mi primer libro, *The Orb of Truth* (El Orbe de la Verdad, N.T).

Cada una de mis palabras proféticas se cumplió, incluso la del "elemento medicinal". He empezado a enterarme sobre la forma en que esa obra ha sanado corazones, les ha restaurado la esperanza y mucho más.

Oración: Señor Jesús, oro por un encuentro sobrenatural para quienes leen este libro. Habla con ellos a través de alguien. Dales una palabra de aliento, una palabra profética, una palabra de conocimiento. Permíteles oír algo directamente de ti, por medio de otra persona. Toda la gloria a ti, oh Dios. Tus ovejas escuchan tu voz, y ahora mismo, te pido que tengamos oídos para escucharte y ojos para ver lo que estás haciendo. Permite que un completo extraño nos hable algo que nadie más sabe, a excepción de ti. Te damos permiso para darnos un encuentro sobrenatural y radical. Señor Jesús, danos un abrazo.

Acción: Escribe las palabras proféticas que has recibido. Ora por ellas. Memorízalas. Recuérdaselas a Dios (y recuérdatelas a ti mismo). Si no has recibido una palabra profética y para ti como creyente esto es algo nuevo, te animo a que indagues. Ora para que Dios te traiga una palabra de aliento y observa lo que sucede.

Quinta Sección:
Parábolas del Escritor
y Otras Reflexiones

CAPÍTULO 27
TODA HISTORIA NECESITA UN EDITOR

Juan 15: 1-2 (NVI) Yo soy la vid verdadera, y mi Padre es el jardinero. Toda rama que en mí no da fruto, la corta; pero toda rama que da fruto la poda para que dé más fruto todavía.

TU HISTORIA NECESITA un editor.

Si Dios nos está editando para hacernos mejores, ¿no crees que también necesitas un editor para tu trabajo?

La respuesta es sí.

Todos necesitamos un editor antes de enviar nuestro manuscrito para que sea publicado. Si tú vas a publicar de manera independiente, entonces debes contratar a un editor profesional, casi que con *mayor necesidad* que cuando se publica el libro de forma tradicional. Debe tratarse de un editor *profesional*, no tu amigo, ni tu mamá, sino de un profesional. Déjame decirlo de nuevo - CONTRATA UN PROFESIONAL.

La edición será lo que más te cueste, pero también cristalizará tu obra o la hará trizas. Yo he dejado de leer numerosos libros, debido a la atroz edición que tienen (o a la falta de edición). Puede que yo escriba una historia fantástica, pero todavía es necesario que un editor venga y pula o perfeccione las cosas, donde se requiera. Toda rama que no da fruto en nosotros, Dios la corta, y lo hace para que seamos mucho más fructíferos. Esto es exactamente lo que hace un editor con tu trabajo. Se supone que te va a ayudar a eliminar toda la mala redacción, para que el escrito sea mucho más impactante que antes. Los editores tienen un manto sagrado, un manto que no dan por sentado y nosotros tampoco deberíamos percibirlo así. Incluso en el mundo, el editor toma decisiones que cambian la vida con respecto a la palabra escrita de los Escribas. Es decir, a Dios le parece bien que un editor lo edite. Puede que tu editor cuestione algo en lo que trabajaste de la mano con Dios. No saques la "tarjeta de Él" para responder: "Dios me dijo de forma específica que dijera esto". Al hacerlo, y sacar esa tarjeta de Dios, se acaba toda la conversación. En cambio, ora al respecto. Ora por tu editor, aunque todavía no estés trabajando con él. Comienza a orar por tu editor ahora, levanta oración por la colaboración a futuro que ambos le harán a tu proyecto.

Esta es mi propia interpretación del versículo inicial desde la perspectiva del escritor/ editor:

"Yo soy el escritor y mi editora es la jardinera. La editora corta cada palabra que escribo que no da fruto, mientras que cada palabra que da fruto, ella la pule para que sea mucho más fructífera".

He aquí hay dos parábolas que Dios me dio sobre este tema:

El Jardinero

Había dos hombres cultivando viñedos, cada uno en su propio lote. Uno veía su viñedo como una obra maestra sin tacha, porque le encantaba la forma en que las vides seguían creciendo en toda dirección. El otro, contrató a un jardinero para que viniera a podar las vides que no daban fruto y ayudara con la cosecha de las vides que sí eran fructíferas.

Ambos abrieron el lugar para mercadear. El primer hombre se dio cuenta de que nadie se estaba presentando en su viñedo, aunque a sus ojos, había hecho tanto trabajo como su vecino. Mientras observó que gente de todas partes venía a ver el viñedo del lado. Por su parte, al suyo no fue nadie. Todos se fueron alegres y complacidos, y quienes llegaron a su viñedo, siendo pocos y con mucha diferencia entre visita y visita, se fueron con caras decepcionadas.

Interpretación: Ambos hombres escribieron un libro. Uno consideró que, según sus propios méritos, su historia era increíble. El otro autor fue y contrató a un editor para que lo acompañara y lo ayudara a hacer que su libro fuera lo mejor posible. Ambos hombres lanzaron sus libros al mundo, publicándolos. El que no contrató a un editor tuvo pocas ventas, si es que acaso tuvo alguna, y las ventas que alcanzó, le dejaron malas críticas.

El otro que contrató a un editor, vio una gran recompensa. Y quienes vinieron y compraron su libro experimentaron una historia que los conmovió profundamente.

La Historia Pérdida y el Barbero

Un hombre fue arrastrado al desierto. Estuvo allí muchos años. Cuando regresó, nadie lo reconoció. Su cabello era largo, enredado y desordenado. Su barba era larga y desaliñada.

Solo cuando entró en la barbería y entregó su última y única moneda, se reveló su identidad.

Era el Príncipe perdido del Reino.

Interpretación: El hombre representa un libro, una historia que todavía no ha sido contada. Era cruda, real y salvaje. Cuando la historia se reveló, nadie sabía que su significado también era crudo, real y salvaje. Pero cuando fue observada por un profesional habilidoso, que recibió pago por su labor, la historia se editó, para que la verdad que yacía detrás de sus páginas, se revelara.

Fue entonces que todos reconocieron la autoridad que ella cargaba consigo.

Oración: Dios, te damos gracias por editar nuestras vidas. Por recortar y podar aquellas cosas en nuestra vida, que no son necesarias, de manera que nuestra historia crezca y florezca. Gracias por cuidarnos, por estar siempre ahí y por amarnos siempre. Oro ahora mismo, en el nombre de Jesús, para que nuestros escritos te glorifiquen y no nos glorifiquen a nosotros mismos. Oro para que edites las partes que necesitan ser extraídas, para liberar nuestra historia. Te damos permiso para que saques las malas hierbas de nuestra historia. Confiamos en ti, Dios. Creemos en ti, Dios. Te amamos, Dios. Oramos para que nuestras asignaciones de escritura te glorifiquen y que sean una extensión de nuestra adoración hacia ti. Te mereces la gloria. Hago esta oración, en el poderoso nombre de Jesús. Amén.

Acción: Para quienes no han experimentado trabajar con un editor o el proceso de edición, como elemento de acción, sugiero que tomes el primer capítulo de tu libro y se lo envíes a tres editores distintos. Básicamente, lo que estás haciendo es entrevistándolos, para ver cuál de ellos te gusta. El hecho de descubrir el proceso de un editor y la forma en que trabajarás con él/ella, es un gran proceso en sí mismo. Recuerda, tú eres el director ejecutivo y estás contratando a un empleado. En última instancia, tú decides lo que quieres editar en tu libro. El editor te da sugerencias, y tú las recibes, oras al respecto y luego haces los cambios necesarios para mejorar el capítulo.

Envíales un correo electrónico a tres editores y pídeles que editen tu primer capítulo, para ver cómo trabajan. Es posible que te pidan tus primeras cinco páginas a doble espacio, dependiendo de la extensión de tu primer capítulo. Ellos tienen un límite con relación a lo que editan de manera gratuita, como una muestra, así que simplemente envíales lo que necesitan y sigue a partir de allí.

En primer lugar, esto te dará una impresión de la forma en que tu trabajo se ajusta al proceso de la edición. En segundo lugar, para quienes no han compartido su trabajo con nadie, esto les permitirá abrirse y disponerse de manera que nunca se hubieran podido imaginar. Diviértete y disfruta del proceso.

CAPÍTULO 28
INVESTIGA TODO

Lucas 1:3 (NBLA) También a mí me ha parecido conveniente, después de haberlo investigado con diligencia desde el principio, escribírtelas ordenadamente, excelentísimo Teófilo.

A L ESCRIBIR UN libro, la investigación es crucial. Ya sea de ficción o no, debes dedicarle tiempo a investigar todo lo que gira alrededor de lo que vas a escribir. ¿Qué otros libros hay acerca del mismo tema? ¿Se ha estudiado a profundidad? ¿Quién es la mente que se reconoce como líder en dicho tema? ¿Lo que te estás inventando, está basado en algo que ha sido bien estudiado? A veces, una simple búsqueda en Internet no es suficiente. Investiga tu tema a fondo, de todas las maneras y por todos los medios que te sea posible.

Cuando estaba abordando mi escrito de ficción histórica, *Demons & Thieves* (Demonios & Ladrones, N.T), tuve que hacer una investigación masiva sobre los dos ladrones en la cruz, y del demonio llamado Legion. Como nunca antes había escrito ficción histórica, me aseguré de estudiar las Escrituras, repasé muchas variaciones y busqué en Internet. Todo ello, me condujo por muchos senderos. Busqué libros que se hubieran escrito sobre ellos y me leí varios. Y mientras tanto, tomé notas, muchas notas. Investigué la línea de tiempo del ministerio de Jesús y revisé el panorama de las áreas en las que escribiría. Valió la pena, pues quise mantenerlos con la mayor precisión posible. Me alegra haber hecho esa labor preliminar porque todo fue compensado. Todavía recibo críticas sobre la precisión de la novela. Aunque tuve que usar mucha ficción, estoy satisfecho con los resultados y mis lectores también.

Necesitamos escudriñar acerca de lo que estamos escribiendo. Todo debe ser revisado con cuidado, de principio a fin, con el objetivo de producir algo excelente para el mundo. La excelencia del Reino, no significa perfección. Significa que hemos hecho la labor que nos correspondía para crear la mejor historia posible. Nuestra excelencia, le da mayor espacio a Dios, para que intervenga con Su divinidad y haga que nuestras palabras cobren vida.

La otra parte del versículo es, **"escribírtelas ordenadamente"**.

Normalmente me gusta esbozar mis libros. Esto significa que expongo lo que quiero lograr desde el capítulo uno hasta el final. Ahora bien, cuando empiezo a escribir el libro, algunos de los capítulos se extienden a varios, o un par de capítulos se combinan. Yo hago todo lo posible por develar la dirección hacia la que voy en dicho capítulo. Date cuenta de que el Espíritu Santo está co-laborando contigo, así que Él le sacará y le agregará a lo que tienes. Síguele el paso. Diviértete explorando con Dios. Él te mostrará cosas y te dará ideas que no te habrías imaginado jamás. Hay momentos en los que –de manera literal- he levantado mi mano para "chocar la mano de Dios" y darle esos cinco.

A algunos de ustedes les gusta ser alguien que no tiene un plan, que escribe así como así. Si te funciona, hazlo. Si da fruto, entonces, ¿quién soy yo para juzgar el estilo que te resulta? Aparentemente, al Doctor Lucas, el discípulo, le gustaba esbozar sus escritos, y creo que a la mayoría de los escritores también les agrada hacer lo mismo. No nos acorralamos con nuestros bosquejos, y es claro que nos desviaremos según sea necesario, pero el esbozo nos da buenos puntos de anclaje para mantener el mensaje con nuestra escritura.

Te animo a que lo pruebes. A nivel personal, yo uso una hoja de cálculo de Excel y enumero los capítulos con el nombre de cada uno, con cuántas palabras hay en cada uno y cuántas páginas a doble espacio, añadiendo la fecha en la que se completó. En dicha hoja de cálculo, también hago un seguimiento de la segunda reescritura, con la misma información, para poder ver cuántas palabras y páginas cambiaron y la fecha en que las modifiqué. Es una forma sencilla pero efectiva de monitorear tu progreso. Luego le sigo sumando información a esta hoja de cálculo, para las terceras reescrituras y también para la reescritura por parte del editor. También puedes realizarles un seguimiento a tus lectores beta, a información de la crítica y mucho más.

Ah, y para aquellos que se preguntan en qué suelo escribir. Sencillo. En un documento de Word (al final del capítulo te daré unas recomendaciones adicionales sobre el uso de Google Drive). Mantengo todos mis capítulos por separado y con un nombre de archivo propio. Puedo editar capítulos y encontrarlos con facilidad, y además me ayuda cuando trabajo con editores.

Oración: Señor, tú nos pides que estemos en sintonía contigo. Ayúdanos a trazar el mapa de la tarea de escritura que tenemos como tus Escribas del Reino. Ayúdanos a mantener las cosas en orden y danos revelación mientras investigamos e indagamos lo que se necesita. Es un privilegio y un honor escribir contigo y para ti. Estamos muy agradecidos por el proceso de escribir, porque pasamos tiempo contigo. Bendice nuestros esfuerzos de escritura. Que estemos abiertos a verdades más profundas, mientras investigamos y planificamos todo. Llévanos a profundidades en las que nunca habíamos pensado. A profundidades invisibles. Revélanos los misterios de quién eres y permítenos compartir nuestros hallazgos en nuestros escritos. Ayúdanos a entretejer esos misterios con la historia. Tú eres nuestro modelo a seguir. Eres nuestro amigo. Tú eres nuestro Dios. ¡Amén!

Acción: Dale inicio a una hoja de cálculo de Excel, o a alguna forma de hacerle seguimiento a tus escritos. Si necesitas escribir a mano en un cuaderno de apuntes personales, que así sea.

Número del capítulo, título del capítulo, palabras, páginas, fecha.

Conserva tus escritos en un documento de Word. Mantén cada capítulo en un archivo individual, con el número de capítulo y el nombre, para encontrarlo con facilidad. Cuando reescribas, "guarda como" y crea un nuevo nombre de archivo, indicando el número del capítulo, el nombre y luego "v2" para señalar que es la segunda versión.

Conserva en orden tu escritura. También puedes tener una hoja de cálculo donde consignes información sobre tus personajes, equipamiento, gustos, disgustos, cicatrices, sueños, etc. Crea pestañas para cada personaje. Este es un recurso al que puedes retornar, mientras escribes tu historia. También puedes tener información sobre ciudades, paisajes, flora y fauna, etc.

También te sugiero, que como respaldo, te envíes tus capítulos por correo electrónico. Guarda tus capítulos en una memoria USB como una copia de seguridad. Guarda tu trabajo en la nube, como en Google Drive, también como una copia de seguridad. De hecho, hoy en día, yo trabajo desde Google Drive para todo, porque queda de manera automática en la nube y puedo trabajar desde cualquier parte del mundo, en cualquier computador, al iniciar sesión en mi cuenta.

El punto aquí es que tengas una copia de seguridad de tu trabajo en varios lugares. No querrás que nada se te pierda.

CAPÍTULO 29
PERDIDO Y HALLADO

Salmo 119: 59 (TPT) Cuando me doy cuenta de que me equivoco de camino, me doy la vuelta para obedecer tus instrucciones.
Salmo 119: 59 (MSG) Cuando le di un vistazo largo y cuidadoso a tus caminos, volví a poner los pies en el sendero que abriste.

Es HORA DE hacer un inventario.

Muchas empresas hacen un inventario anual. Tienen en cuenta lo que tienen y lo que fue olvidado. Es hora de tomar decisiones sobre si guardar algo o botarlo. Es hora de redescubrir lo que estaba escondido o perdido. Las empresas anulan las inconsistencias, dándolas como pérdida. Y en ocasiones resucita algo olvidado en los lugares recónditos del almacén, que resulta siendo un éxito en ventas para ellas. Antes, el artículo no estaba en la temporada correcta, pero ahora sí.

¿Qué es aquello que sabemos y qué es lo que hemos olvidado o perdido?

Cada seis meses, o cada año, yo hago un inventario de mis escritos. Reviso notas antiguas, diarios antiguos, publicaciones en blogs, entrevistas que he escrito, incluso sermones, etc. Cuando tú lo hagas, el Espíritu Santo te llamará la atención sobre cosas que quizás habías olvidado. Yo le pongo cuidado a esos "empujones" y luego profundizo en ellos a través de la oración, el ayuno, la lectura de la Palabra y de descansar en Ella.

Te animo a que revises los escritos que descartaste y dejaste a un lado, por el motivo que haya sido. Dios tiene el tiempo perfecto para las cosas, y aquello que se perdió antes o que fue dejado de lado, porque no daba una buena sensación, hoy puede ser una chispa. Puede ser tan simple como el título de un libro que tenías o la primera frase de un capítulo que nunca despegó, y ahora, de repente, surge un nuevo pensamiento, se enciende una nueva llama, estalla una nueva historia.

No es magia, es Dios.

A veces, podemos sentirnos perdidos y sin dirección, incluso en medio de nuestro éxito. *¿De qué estás hablando, Brae?* Me refiero a que la gente puede sentirse sola hasta en la Iglesia. Estoy hablando de un escritor exitoso, que todavía se siente solo en medio de lo que escribe en la actualidad. Puede que esté en un lugar de redundancia, sin dirección, sin motivación, allí donde la escritura se convierte en mera escritura. Esto puede suceder y nos puede pasar a nosotros. Necesitamos ser conscientes de ello.

Volver a tus escritos más antiguos, puede encender la pasión por escribir una vez más. Dios nos hablará, nos animará y encenderá un fuego en nosotros que nunca creímos posible.

Quiero que siempre tengas la pasión de un Escritor del Reino, una pasión que nunca se extingue. Es una PASIÓN SANTA, como cuando escuchaste tu nombre por primera vez de parte de Dios, y le respondiste.

Es hacer que tu escritura vuelva a la esencia del asunto, y no que se vuelva un simple trabajo o una asignación o, lo que es peor, una tarea por completar. Luego de haber publicado seis libros exitosos y ahora al escribir este, mi pasión por la escritura no ha disminuido, aunque ha habido ocasiones en las que he reconocido un cambio dentro de mí, el cual me sacudió y me llevó a preguntarme: "Un momento, ¿qué fue eso?".

Dios me respondió: "Es un demonio llamado mundano".

Tales demonios, como "mundano", se te acercarán con sigilo y no te dirán a viva voz que son un demonio, sino que se esconderán y enmascararán en el mundo en el que vivimos. Se sentirá normal, no será atemorizante. Será sutil, no contundente. Si les contara a otros acerca de un demonio llamado mundano, seguramente entrecerrarían los ojos, girarían un poco la cabeza y luego levantarían una ceja. No puedes decir estas cosas en círculos abiertos, pero yo puedo decírtelo como un Escritor del Reino llamado por Dios, porque para ti tendrá sentido. Recordarás todas las veces en tu senda de la escritura, en las que te has enfrentado a lo "mundano". Es astuto y le gusta meterse en tus escritos, hacerlos aburridos, ralentizar el paso y desmantelar tu fluidez con sutileza. Después de un tiempo, comienzas a reposar en el encanto de lo mundano, estás de acuerdo con él y, finalmente, consideras otras cosas como si fueran más importantes, como Facebook.

Este pasaje nos da vida. Cuando nos descarriamos, Dios está ahí para nosotros. Nos recuerda. Él nos ama. Él enciende un fuego en nuestro interior, y volvemos al camino que Él iluminó.

Todo este tiempo pensaste que eras tú. Era tan solo un demonio llamado "mundano" y ¿adivinen qué hacemos con los demonios? ¿Adivina cuál es el poder y la autoridad que tenemos sobre ellos? Sí, en el nombre de Jesús, los echamos fuera. Los expulsamos a como dé lugar para que se vayan al sitio de donde vinieron.

Oración: Dios Todopoderoso, gracias por tu autoridad y por la autoridad que nos das para lidiar con los "mundanos" y el resto de sus parias del aburrimiento. Enviamos al demonio mundano de regreso al Abismo, en el poderoso nombre de Jesús. Señor, ayúdanos a volver a encaminarnos contigo y con la tarea que nos has dado. Escribir para Ti y por ti, es un gran honor. Valoramos nuestro tiempo de escritura, porque estamos cerca de ti. Que nada se interponga entre nosotros. Nada de lo que envíe el enemigo, nos impedirá estar en tu Presencia. Tu presencia es lo que más importa, está por encima y va más allá de la escritura en sí misma, y, sin embargo, a ti te encanta que escribamos. Eres el Dios más increíble. Eres digno de todo y te lo agradecemos. Te amamos. Te adoramos. Te alabamos. Todo, en el nombre de Jesús. ¡Amén!

Acción #1: Busca un lugar tranquilo donde nadie te pueda escuchar. Coloca una mano sobre tu corazón y la otra sobre tu cabeza. En voz alta di esto para ti mismo:

"Me comprometo a hacer un inventario completo

de lo que has puesto dentro de mí.

De lo conocido y lo desconocido.

Gracias Dios por todo lo que has provisto,

todo lo que has depositado,

todo lo que has desarrollado,

y todo lo que estás desarrollando dentro de mí.

En esta temporada, mientras miro tus caminos con detenimiento,

pon mis pies en la senda

y enciende mi corazón para entrar en lugares

donde nunca pensé que fuera posible ingresar.

Toma mis debilidades y fortalécelas.

Confío en ti.

Ahora, permíteme tener la fe para caminar en esa confianza contigo.

¡Aleluya!".

Acción #2: Siéntate, cierra los ojos y escucha. Escribe lo que escuches que el Espíritu Santo te imparte. Si no oyes nada, repite el paso anterior, diciéndolo en voz alta y luego siéntate y escucha. Continúa hasta que comiences a oír algo.

Dios le habla a su gente.

CAPÍTULO 30
DE DOS EN DOS

Marcos 6:7 (RVR1960) Después llamó a los doce, y comenzó a enviarlos de dos en dos; y les dio autoridad sobre los espíritus inmundos.

JESÚS NUNCA ENVIÓ a sus discípulos solos.

En este versículo, hay algo poderoso para nosotros los escritores. Creo que es muy importante que no nos aislemos, sino que encontremos personas con quienes podamos reunirnos. Jesús los envió de dos en dos, y creo que deberíamos encontrar a alguien con quien salir y escribir, siguiendo su ejemplo. Sí, vas a escribir de forma individual, pero hay algo sobrenatural en el hecho de tener a alguien en la misma mesa, escribiendo lo que está llamado a escribir, mientras tú escribes lo tuyo.

Lo comparo con el acto de encontrar un compañero para entrenar y hacer ejercicio. Tú ejercitas de manera individual, pero van juntos. ¿Por qué? Para animarse el uno al otro. Creas una chispa para trabajar más duro y también disfrutas de la relación. Con la escritura, sucede lo mismo. Encuentra a tu compañero o compañeros de escritura, y vayan a escribir juntos. Qué maravilloso que tú y tu(s) compañero(s) de escritura, puedan decir que estaban en batalla juntos, trayendo las historias de la bóveda del Cielo.

Mira de nuevo la última parte del versículo de este capítulo: **Jesús les dio autoridad sobre los espíritus impuros.**

¿Qué dijiste?

¿Significa que a medida que salgan a escribir juntos, ganarán autoridad sobre los espíritus impuros, que se quieren infiltrar en tu escritura? Así lo creo. Recuerda, escribir no debería abordarse como un pasatiempo. Es tu llamado. Ten en cuenta todo lo que haces, percibes y expresas. Comenzarás a leer las Escrituras desde un nuevo foco, a medida que te adentras en tu llamado. Lo que en una temporada anterior significó una cosa para ti, ahora significa algo diferente.

¿Y ambas son correctas? Sí.

Mientras tocas el teclado, entretejiendo tus palabras para expresar la historia, allí es cuando el enemigo se desliza por debajo del radar y se infiltra en tu asignación. Sucede mientras escribes. Una simple distracción. Una transición entrecortada. Orgullo. Allí es que los espíritus inmundos te asaltan. Lo notarás cuando llegues a un punto en el que necesites hacer una transición. La fluidez se torna entrecortada, como si fuera una tormenta repentina que se levanta contra ti. Volverás a acomodarte, pero en el fondo vas a reflexionar sobre lo que sucedió. Cuando regreses, retomando para reescribir y editar, verás al flujo interrumpido.

Es sutil. Por eso yo vuelvo al versículo, oro al respecto, y luego me doy cuenta de que esto también aplica para los escritores. Nos podemos juntar. Dos o más. Dios está con nosotros y también nos ha dado autoridad sobre los pensamientos impuros. Sugerencias impuras. Interrupciones. Pequeños zorros que entran en nuestro jardín, nuestra historia, e interrumpen el flujo.

Hazte con alguien que escriba. Establece un horario, una vez a la semana y reúnanse. No necesitan sentarse y hablar, simplemente siéntense y escriban uno al lado del otro. Pueden intentar y probar. Escribe solo, que es lo que la mayoría de nosotros hacemos, pero luego, escribe con alguien en la cafetería cercana a tu residencia, o en cualquier lugar que elijas, y mira qué sucede.

La Palabra de Dios es vida, y la profundidad de comprenderla, es algo que nadie puede apreciar a plenitud. Creo que continuaremos aprendiendo sobre la maravilla de Dios durante toda la eternidad.

Oración: Dios, te damos gracias por darnos autoridad sobre los espíritus impuros. Ayúdanos, enséñanos la manera de echar fuera a estos "ladrones de pensamientos", en el nombre de Jesús. Guíanos cuando nos reunamos como Escritores del Reino, para contar las historias que Tú quieres que se publiquen en el mundo. Guía nuestro trabajo, para que sea santo delante de ti. Tú eres el autor y consumador de nuestra fe. Confiamos en ti, Dios, y en nadie más. Gracias por empoderarnos. Gracias por mostrarnos el camino. Amén.

Acción: Busca un compañero de escritura, y establece un horario constante para reunirse cada semana y escribir juntos. Reúnanse en una cafetería, en tu casa, en un restaurante o donde sea que les resulte mejor a ambos, de manera que tengan espacio para escribir. Recuerda, esta no es una reunión social como tal. Claro, hablen entre ustedes, pero también saquen el espacio para escribir. Compártanse su trabajo mutuamente, anímense entre ustedes, y caminen juntos, desplegando su llamado.

CAPÍTULO 31
SÁCALO

Deuteronomio 31:24 (NBLA) Cuando Moisés terminó de escribir las palabras de esta ley en un libro, hasta su conclusión...

N O EDITES, NO reescribas, simplemente escribe. Esto es algo que les digo todo el tiempo a los escritores. Necesitas programar tu tiempo y escribir todo, hasta que esté listo. Puedes retomar el capítulo 27, relacionado con el proceso de edición, pero en este capítulo, nos centraremos en sacar tu historia de tu cabeza, para plasmarla en el papel.

Necesitas vomitar tu libro. Verterlo en un papel, en la computadora, así de concreto, simplemente sácalo. Después de todo, posteriormente volverás a hacer reescrituras.

Una y otra vez, escucho a escritores que luchan con el primer capítulo porque no pueden dejar de intentar que sea perfecto. Es muy fácil quedar atrapado en editarlo una y otra vez. Reescribir y reescribir estresa al escritor porque su primer capítulo nunca es lo suficientemente perfecto. Se quedan atrapados en la perfección. No pasa mucho tiempo antes de que el proyecto sea demasiado, o resulte muy abrumador como para continuar.

Si puedes escribir y sacar las palabras de tu interior, entonces podrás culminar tu libro. Nadie va a leerlo en su estado puro, así que deja de permitir que te frene esa mentira de la perfección.

Recuerdo que vi una caricatura flotando en las redes sociales. Se trataba del consultorio de un médico. El médico está hablando con el paciente, quien estaba sentado y mirando una radiografía de su pecho. El médico le dice al hombre: "Creo que tienes un libro adentro".

Para la mayoría de nosotros, esa imagen es muy profética. Tenemos un libro dentro de nosotros. El médico, que representa a Dios, puede verlo allí, tú sabes que está allí, y ahora es el momento de sacar ese libro de allí. No sirve de nada en tu interior y, con el tiempo, acabará dañándote. Ya he hablado de esto en otros capítulos.

Una de las cosas más liberadoras que te imparto es simplemente dejarlo salir. No pienses ni medites en cada palabra, en cambio, entra en un fluir con el Espíritu Santo. Una vez que lo hayas "sacado", puedes retomar y reescribir. El mero hecho de sacarlo, te hará sentir mucho mejor. Un gran suspiro de alivio te impactará.

Muchas personas se han acercado a mí y me han dicho simplemente: "Gracias". Cuando les pregunto por qué, proceden a explicarme que los liberé para escribir, sin que tuvieran que pensar en todos los detalles de la estructura de las oraciones, las oraciones continuas, la gramática, etc. Lo único que hicieron fue comenzar a escribir para "sacar" esa historia de su sistema, de su interior.

Creo que para los escritores, la gestación de un bebé en el útero es un buen modelo. Podemos escribir un libro en nueve meses. Algunos pueden hacerlo en seis, y otros lo hacen en doce, pero en promedio puedes hacerlo en nueve. Esto significa que tienes que escribir. Debes que tener al bebé en nueve meses. No dije publicarlo, dije, escribir el primer borrador de tu libro o de tu guion en nueve meses.

¡Sácalo! Ese libro, historia, blog, revista, guion, esa palabra que te fue dada, el poema que está dentro de ti, quiere salir. Es hora de responder a ese llamado.

Oración: Papá Dios, ayúdanos a sacar ese libro que está escrito dentro de nosotros. Danos las herramientas que nos provoquen que lo dejemos salir. Ayúdanos a no juzgar nuestro trabajo, a no editarlo, a dejarlo salir simplemente. El deseo de nuestro corazón es producir lo que nos has llamado a hacer. Ayúdanos a navegar por los pasos que son necesarios para hacerlo. Confiamos en ti y te agradecemos por creer en nosotros. Amén.

Acción: En primer lugar, escribe tu segundo capítulo, y luego retoma el primero. Ya sé que es extraño, pero creo romperá algo en ti, te lo quitará de encima. Tengo la convicción de que te permitirá tener un gran avance en tu flujo "continuo" de escritura. Para quienes necesitan tener la primera parte perfecta, puede que el segundo capítulo sea el más difícil. Muchos ni siquiera llegan al segundo, porque se quedan atascados en el primero. Vamos a saltarnos el primer capítulo por ahora (incluso si ya lo comenzaste) y procederemos a escribir el siguiente.

Para aquellos de ustedes que ya van más allá del primer capítulo y que se han topado con un obstáculo, les sugiero que escriban un capítulo que se hayan imaginado y que en realidad tengan muchas ganas de llegar a él para escribirlo. Si es tu caso, sáltate todo y ve a ese capítulo que está en tu corazón, escríbelo y anímate. Esto liberará las cosas y así podrás retomar para llenar los vacíos.

CAPÍTULO 32
JACTARSE DEL NOMBRE DEL SEÑOR

Salmo 20:7 (NASB) Algunos se jactan de carrozas y otros de caballos, pero nosotros nos jactaremos en el nombre del Señor, nuestro Dios.

NUESTRA JACTANCIA, NUESTRA confianza y nuestros afectos, necesitan estar en Dios, no en las cosas de este mundo.

¡Ay! Esto es muy cierto. El mundo en el que vivimos mira solo lo que tiene en frente. El mundo observa las cosas que poseemos, aquellas cosas que tienen una vida finita, y piensa en su futuro como si se tratara solamente de un sueño. Todos hemos estado allí. E incluso ahora, algunos que están leyendo esto, estarán de acuerdo en que todavía están en ese punto. La Escritura nos dice que pensemos en las cosas celestiales y que permanezcamos anclados detrás del velo. Como ciudadanos del Reino, estamos aquí para jactarnos de Dios, de todo lo que ha hecho y de todo lo que está haciendo.

Cuando se trata de escribir, debemos pensar en las generaciones que vendrán después de nosotros, no en el aquí y el ahora. ¿Te das cuenta de que tus historias perdurarán a lo largo de los siglos? ¿Eres consciente de que otros continuarán donde lo dejaste y construirán a partir de la revelación que recibiste de parte de Dios?

A veces es difícil imaginarse no estar en este mundo. Tómate un momento y piénsalo. Estaremos en el cielo, un lugar ajeno a nuestra mente, pero familiar para nuestro corazón. Todavía no estamos allá. Estábamos destinados para este tiempo, para este lugar, incluso para la familia a la que fuiste asignado. Y todas tus experiencias, buenas y malas, pueden usarse para jactarse a viva voz del nombre del Señor, nuestro Dios, ante este mundo caído, lleno de gente que persigue carrozas y caballos.

Está bien tener cosas bonitas. Ese no es el problema. La dificultad está en que nuestro enfoque esté puesto únicamente en esas cosas agradables, y nos concentramos en la creación y no en el Creador. Es un hábito que debe romperse, como cualquier otro. Nuestros anhelos deben estar direccionados hacia Cristo Jesús, no estar enfocados en un carro o un pony nuevo. Esa era nuestra vida del pasado. Somos una nueva creación.

A través de nuestros escritos, vamos a contarle al mundo acerca del lugar glorioso, que está más allá de este mundo y al cual estamos destinados. Dejemos que las personas sean libres por medio de nuestras historias, para que puedan dejar de jactarse de sí mismas y, en cambio, se jacten de su Creador.

Nuestros escritos llegarán más lejos de lo que nosotros podemos llegar. Como Escritor del Reino, este es nuestro súper poder. Mucho después de que nos hayamos ido de regreso a nuestro hogar en el cielo, nuestros libros seguirán siendo leídos y disfrutados. Imagina que tus libros les llegan a reyes y reinas de todo el mundo, a musulmanes, hindúes, a todas las culturas, razas y religiones, a la comunidad homosexual y al presidente de los Estados Unidos. Está sucediendo. Todos los que acabo de mencionar están leyendo, y algún día tu libro podría terminar en sus manos. Un día, las palabras que escribiste con el amor de Cristo, se le impartirán a alguien que lea tu libro y esa persona cambiará para siempre.

Llegará el día en que te sientes, y simplemente escribas aquello que estás llamado a escribir.

Oración: Señor, oro por discernimiento. Danos discernimiento para jactarnos siempre de ti y no de nosotros mismos. Ayúdanos a mantener nuestra lengua en obediencia, cuando estemos en una reunión social. Que no nos jactemos de la fama, sino que usemos nuestra fama para jactarnos de ti. Te damos gracias por las puertas abiertas que se avecinan, pero pedimos que nos des discernimiento sobre cuáles puertas atravesar y cuáles cerrar. Algunas de las puertas no están diseñadas para que las crucemos, así que te pedimos sabiduría para saberlo. Guíanos. Protégenos. Te lo pedimos humildemente, en el nombre de Jesús. Amén.

Acción: Premisa de escritura: escribe una historia acerca de alguien, (de una de las personas que se mencionaron anteriormente, ya sea un rey o un musulmán, etc.) en donde dicho personaje encuentra tu libro, lo lee y descubre la verdad de quién es Dios. Esta consigna se puede cambiar un poco para que sea tu blog, tu revista o tu guion. El objetivo es que veas la manera en que tu historia impacta a una persona y a una cultura, mucho después de que hayas partido. Entréganos las emociones de quien está leyendo. Compártenos sus preguntas y la respuesta que Dios le da al leer. Muéstranos la lucha de esta persona que lee la verdad. Permite que el Espíritu Santo te guíe, mientras escribes este encuentro.

CAPÍTULO 33
LAS GENERACIONES NOS NECESITAN

Salmo 78: 1-4 (MSG)
Escuchen, queridos amigos, la verdad de Dios,
inclinen sus oídos a lo que les digo.
Estoy masticando el bocado de un proverbio;
te dejaré entrar en las dulces y antiguas verdades,
historias que escuchamos de nuestros padres
consejo que aprendimos en las rodillas de nuestra
madre.
No nos guardamos esto para nosotros mismos,
se lo trasmitimos a la próxima generación:
la fama y la fortuna de Dios,
las maravillas que ha hecho.

¿ACASO NO COMPARTIMOS historias que son muy similares, pero narradas con una voz distinta o desde un ángulo diferente?

Sí, porque se han probado y son verdaderas.

Me encanta la versión de este salmo, según la Biblia "The Message" (en español, El Mensaje, N.T). Está lleno de mucha bondad hacia nosotros los escritores. Es real que habla por sí mismo. A medida que lo lees, el Espíritu Santo ya te está revelando cosas, así que léelo una y otra vez. Oro ahora mismo para que tengas oídos para escuchar lo que te está diciendo y ojos para ver lo que te está mostrando.

"Escuchen, queridos amigos, la verdad de Dios".

El salmista dice que está "masticando" un cuento. Está recibiendo una gran revelación de una vieja historia del pasado, una que todos habían escuchado antes. Me encanta el final del salmo, ya que da un giro hacia una mentalidad generacional. Ya no debemos guardarnos las cosas para nosotros mismos, en este tiempo y este lugar. Durante el transcurso de nuestra vida, no podemos estar preocupados o luchar por el éxito del mundo. Debemos ser conscientes de que estamos afectando a las generaciones venideras. Somos Escritores del Reino para cambiar el futuro. Y aunque algunos de nosotros generaremos fama y fortuna mundanas, tales cosas no deberían ser la ambición de los escribas. Generaremos fama y fortuna, pero no para nosotros.

TODO es para Dios. Él es el famoso.

No podemos ser Escritores del Reino si todo se trata de nosotros y de nuestro propio éxito. Si esa es la dirección en la que quieres ir, entonces eres un escritor que casualmente es cristiano. Pero quienes son llamados (y me refiero a los llamados), se están embarcando en una travesía sagrada. Una que trata de manera absoluta sobre lo que le interesa a nuestro Rey y que tiene que ver con representar bien Su reino, para darle gloria y honor.

Puede que tu libro venda solamente una copia. Pero esa copia podría propiciar y traer el momento en el que Dios le hable a dicho lector, de forma poderosa. De esta manera, puede que él termine convirtiéndose en el próximo C.S. Lewis o J.R.R. Tolkien, en el próximo Billy Graham o en un presidente que alcance a millones. Es posible que tu libro no sea leído hasta mucho después de tu muerte, y puede que alguien lo encuentre por accidente (según ellos). Y es justo allí que tu semilla puede dar el fruto deseado. Es posible que tus palabras se hayan convertido en "dulces verdades antiguas" que lleguen a millones. ¿Estás listo para ser ese tipo de escritor? ¿Ese Escriba del Reino?

Haz lo que estás llamado a hacer. Y haz tu mejor esfuerzo. Luego, deja que Dios haga lo que siempre tuvo destinado a hacer, a través de tus obras escritas. ¡Las generaciones necesitan tus escritos!

Los padres y las madres les contarán nuestras historias a sus hijos. Serás parte de la siguiente generación, a medida que tu obra se infiltre en los corazones y las mentes. Dios trabajará con poder por medio de tus escritos, para llegar a las personas que Él destinó para leer tu obra, antes del inicio de los tiempos. Me sorprendo mucho cuando ahondamos en las profundidades de Dios. Es una profundidad, cuyo fondo jamás podrá ser alcanzado por nadie.

Nosotros estamos transmitiendo la fama y la fortuna de Dios, a saber, las cosas maravillosas que Él ha hecho. Publicaremos testimonios de milagros, y quienes los lean terminarán recibiendo un milagro ellos mismos. Ese es el poder de un testimonio, cuya palabra significa "hazlo de nuevo".

¿Qué hay de las historias de ficción que atravesarán corazones endurecidos y permitirán que el Espíritu Santo entre y los libere? Esto está sucediendo hoy en día con las obras escritas, y seguirá pasando. Cuando publiques tu obra en el mundo, ten claro que Dios tiene planes con ella y contigo. Es un proceso sobrenatural y, a través del arduo trabajo de nuestras asignaciones de escritura, a veces podemos ver el fruto y probar que es bueno.

Oración: Bendigo tus escritos, en el nombre de Jesús, para que afecten a las generaciones venideras. Eres un Escritor del Reino, destinado a despertar a quienes lean tu trabajo. Tu escritura está ungida. Tu escritura sanará a la gente, liberará a los cautivos y, en última instancia, abrirá el corazón del lector lo suficiente, como para que Dios se infiltre e introduzca el amor que tiene por ellos. Oro para que escribas con gozo y lo impartas a través de tus escritos, en el poderoso nombre de Jesús.

Acción: Escribe una historia que te haya contado tu mamá o tu papá cuando eras niño. Recuérdate a ti mismo, la forma en que dichas historias que te narraron te han afectado hoy en día. Si no fueron ellos los que te contaron una historia, escribe sobre un relato en particular que te venga a la mente y que corresponda a la época de tu niñez. Escríbela en tu cuaderno de apuntes personales.

CAPÍTULO 34
SACA TIEMPO, NO EXCUSAS

Proverbios 21:5 (ESV) Los planes de los diligentes sin duda conducen a la abundancia, pero todo el que se apresura alocadamente, de cierto va a la pobreza.

SACA TIEMPO, NO excusas.

Qué es mejor decir: ¿Estoy ocupadísimo para el Rey? o ¿Estoy ocupadísimo con el Rey?

La mayoría de los escritores que han publicado, si es que no son todos, tuvieron que salirse de algo, antes de dedicarse a la escritura de tiempo completo. En todas las entrevistas, notarás, al escuchar o leerlas, que casi nunca hay alguien que mencione que no tenía suficiente tiempo. Ellos sacaron tiempo, en vez de sacar excusas. Eliminaron lo que no era esencial de sus vidas, e hicieron de la escritura una prioridad.

Mi amigo Paul Young, autor de *La Cabaña,* escribió su libro en el tren que lo llevaba y traía del trabajo. Y tenía tres empleos. Yo escribí *Demons & Thieves* (Demonios & Ladrones, N.T) mientras trabajaba a tiempo completo, dirigía Kingdom Writers Association (Asociación de Escritores del Reino, N.T), pasaba tiempo con mi esposa, amaba a mis nietos, era pastor en nuestra iglesia, predicaba, enseñaba, viajaba, etc. Nunca descuidé el tiempo para divertirme con mis amigos y mi familia, sino que me comprometí a dedicarle tiempo a escribir, al menos una hora diaria.

Es posible, si dejas que Dios haga lo imposible.

¿Sabías que la persona promedio mira hasta 5 horas de televisión al día? Aunque tú solamente veas una hora diaria, puedes intercambiar ese espacio. He allí tu tiempo para escribir. ¡Bingo! Ahora bien, la pregunta es, ¿qué vas a decidir? Puedes perfeccionar tus excusas todo el día, y el libro que está en tu interior, permanecerá para siempre sepultado ahí.

El versículo anterior habla sobre los planes de la persona diligente, que conducen a la abundancia. Esta abundancia a la que se refiere, es la plenitud del gozo y la fuerza para la mente, el cuerpo y el alma. Eso es increíble. Como Escritor del Reino, puedes aprovechar esta abundancia que menciona Dios. O puedes apresurarte, buscar la salida fácil, para toparte al final solamente con la pobreza. Esta pobreza no proviene de las monedas que faltan en tu bolsillo o del dinero en tu banco. No, esta pobreza está en tu espíritu. Te sentirás incompleto, sin gozo en tu corazón. Te faltará algo. Esa es la pobreza de la que habla el proverbio. No dejes que las excusas se interpongan en tu camino. Sácale tiempo al llamado que has recibido.

Mi amiga Lynn Vincent, autora de *El Cielo es Real* y *Uno tan Diferente como Yo,* lo expresó muy bien en nuestra Conferencia de Creatividad del Reino: "Pon tu trasero en la silla y escribe". (En inglés, la conferencia se llama Kingdom Creativity Conference, N.T).

Oración: Sé que no es fácil, Señor, pero te agradecemos por este llamado que has puesto sobre nosotros. Oro para que estemos a la altura del desafío. Ayúdanos a navegar a través de nuestras propias excusas, relacionadas con no obedecer al llamado que nos has hecho. Ayúdanos a decirle no a las cosas que puedan interferir con el tiempo que pasamos contigo para escribir. Danos el hambre de estar contigo y de escribir contigo. Danos una sed insaciable de escribir nuestro relato. Ayúdanos a reservar el tiempo necesario para finiquitar nuestro proyecto. Te lo pedimos en el nombre de Jesús. Amén.

Acción: Pega notas autoadhesivas alrededor de tu casa, dándote mensajes de aliento para escribir. Anímate con mensajes que digan "puedes hacerlo" y "nunca te rindas".

Pon tu trasero en la silla y escribe.

CAPÍTULO 35
UN HOMBRE MUERTO NO PUEDE ESCRIBIR

Romanos 6:8-11 (NVI) Ahora bien, si hemos muerto con Cristo, confiamos que también viviremos con él. Pues sabemos que Cristo, por haber sido levantado de entre los muertos, ya no puede volver a morir; la muerte ya no tiene dominio sobre él. En cuanto a su muerte, murió al pecado una vez y para siempre; en cuanto a su vida, vive para Dios en Cristo Jesús.

U N MUERTO NO puede escribir, ¿o sí?
Mis pensamientos sobre la declaración anterior tienen dos lados. Uno de ellos, desde el punto de vista de un alma perdida en este mundo sin dirección, sin propósito, sin esperanza. Ellos tienen un llamado sobre su vida que se pierde, por las situaciones que atravesaron cuando eran niños, adultos o en algún punto intermedio. Son, en esencia, "los muertos vivientes". Siguen la corriente, marcando un reloj con cada paso de sus vidas y con una mirada desalmada en sus rostros. Dios está tocando a la puerta de su corazón, pero por alguna razón están atascados, ignoran el llamado para su vida, pasan por alto los susurros de Dios; están atrapados en los engranajes de este mundo.

Ahora bien, aquí viene el otro lado de este pasaje. Cierta vez fuimos "los muertos vivientes", pero ahora estamos vivos en Cristo. Nuestro pecado nos encadenó a la muerte, pero Jesús rompió las cadenas y nos liberó. Morimos con Cristo y ahora estamos vivos con Cristo. Somos "los muertos resucitados". En nuestro interior hay un despertar. El agua viva fluye desde adentro. Las escamas de nuestros ojos, aquellos que alguna vez vieron la materia gris del mundo, ahora están llenas de color, son vibrantes, vivos y están sedientos de nuestro destino.

Cuando escribimos, lo hacemos desde una perspectiva diferente, una perspectiva del Reino. Ahora tenemos la habilidad única de ir a cualquier nivel del mundo o de los mundos, y sacar de allí, lo requerido para para escribir, según las instrucciones que nos haya dado el Espíritu Santo. Podemos escribir desde la perspectiva del Infierno, y podemos escribir desde la perspectiva del Cielo.

Y podemos también, escribir desde cualquier punto de vista intermedio.

Nosotros estamos anclados en Jesús. Somos sus escribas, dando reportes sobre lo que vemos. Podemos ser corresponsales que comparten los hechos y podemos ser narradores que tejen la verdad en cuentos de ficción. Y podemos mezclarlos ambos. Podemos ser todas las cosas, porque ahora estamos plenamente vivos en Cristo. Nuestra escritura está viva. Nuestras historias están vivas. Nuestras palabras son como pólvora para el alma. A quienes leen nuestras obras, los estimulamos para la vida. A partir de nuestros escritos, veremos gente sanada y liberada. ¿Por qué? Porque hemos muerto a nosotros mismos y estamos vivos en Cristo. Él vive dentro de nosotros. Si nos esforzamos, no fallamos. Al caminar nuestras vidas con Él, somos victoriosos.

¿Recuerdas cómo se siente caminar a la sombra de tu destino? Ya sabes, esa sensación de que te estás perdiendo algo, pero te encoges de hombros, te agachas, trabajas más duro y sigues adelante. Y entonces Jesús aparece en escena, lo escuchas llamarte por tu nombre, le respondes y luego Él te muestra un mundo completamente nuevo. Nos muestra nuestro destino, nuestro llamado en la vida. Despierta al muerto viviente y caminante y lo torna en un hombre vivo que anda.

No debería haber nada interponiéndose en nuestro camino hacia lo que Él nos ha llamado a hacer. El enemigo seguirá asaltándonos, pero tomamos la autoridad de tales situaciones (Marcos 16:17-18), nos mantenemos firmes (Efesios 6:14) y estamos listos a tiempo y fuera de tiempo (2 Timoteo 4:2).

Como creyentes, estamos muertos a nosotros mismos. Pero estamos VIVOS en Cristo. Es hora de que comencemos a escribir como si estuviéramos vivos en Él y que dejemos de escribir como un hombre muerto.

Oración: Señor, oro para que los lectores sean llevados a la revelación de su muerte y vida en Cristo. Deja que reconozcan tu poder de vida en su interior, y que de una vez por todas, rompan las cadenas que sujetan a ese viejo hombre, que se abre camino de regreso de entre los muertos. Permite que nuestro tiempo aquí se centre en ti, y no en las distracciones de este mundo. Prepáranos con la armadura de Dios, para estar firmes en contra de nuestro adversario. Acondiciónanos para estar listos a tiempo, y más importante todavía, fuera de tiempo. Que estemos preparados en todo momento y en todas las situaciones. Permite que nuestros escritos también rompan las cadenas que atan a las personas y las mantienen alejadas de su verdadero llamado. Te agradecemos de antemano por lo que estás haciendo a través de nuestros escritos. Eres digno de todo. Amén.

Acción: Memoriza estos versículos.
Marcos 16:17-18
Efesios 6:14
2 Timoteo 4:2

CAPÍTULO 36
HASTA LOS ANIMALES CONOCEN SU LLAMADO

Job 12: 9-12 (MSG) Pero pregúntales a los animales qué piensan; deja que te enseñen; deja que los pájaros te digan lo que está pasando.
Pon tu oído en la tierra, aprende los conceptos básicos.
Escucha, los peces del océano te contarán sus historias.
¿No está claro que todos saben y están de acuerdo en que Dios es soberano, que tiene todas las cosas en su mano?
Sí, cada alma viviente, cada criatura que respira.
¿Acaso todo no es simple sentido común, tan común como el sentido del gusto?
¿Crees que los ancianos tienen un rincón de la sabiduría, que tienes que envejecer antes de entender la vida?

CADA CRIATURA CONOCE su propósito, pero el hombre no (al estar fuera de Cristo, porque no entiende su llamado).

Lo que me siento guiado a decir al respecto, es que incluso los animales conocen su llamado en la vida.

¿Por qué nos quedamos atrapados en vivir como las criaturas de la tierra, en piloto automático, en lugar de vivir una vida más allá de la supervivencia? Los animales entienden su lugar y su función, entonces, ¿nosotros por qué no?

Si en realidad miramos hacia adentro, cada uno de nosotros sabe que en la vida hay algo más allá de pasar por ella. Descubrir de qué se trata, puede ser estimulante y aterrador al mismo tiempo. Dios incluso usará las perturbaciones principales de nuestras vidas, para incitarnos hacia nuestro destino.

Recuerdo que perdí mi trabajo así, de la nada, después de ser un empleado ejemplar durante más de una década. Una semana antes de que eso pasara, yo le había suplicado y clamado a Dios, para que me ayudara a escribir mi primer libro, aquel que había buscado con dificultad durante los últimos 20 años. Luego, sin más ni más, me despacharon. Después de esa "devastación" (la pérdida de mi trabajo) y durante los siguientes años, publiqué 7 libros y produje un audiolibro, inicié la Asociación de Escritores del Reino (en inglés, *Kingdom Writers Association*, N.T), viajé por el mundo, equipé y capacité a cientos de otros autores, y mucho más. Ahora veo la mano de Dios de manera muy clara. Estoy muy agradecido por ese denominado evento de "devastación" en mi vida. Dios lo tornó en algo bueno.

No estoy diciendo que renuncies a tu trabajo, sino que cuando ocurran pruebas y tribulaciones en tu vida, reconozcas la mano de Dios. Yo no tenía la intención de que mi trabajo se deslizara de debajo de mis pies. Me pagaban bien. Me gustaba la gente con la que trabajaba. Yo era bueno en lo que hacía. Pero mi destino siempre fue ser un Escritor del Reino de Dios. Lo llamé y Él respondió a mi oración.

Es hora de tomar la pluma y escribir. Es tu destino.

Oración: En este instante, oro por ti, como un Escritor del Reino que ha sido llamado, para que sigas adelante con lo que Dios tiene para ti. Él escucha tus oraciones. Él conoce tu corazón. Y en este momento oro para que tengas oídos para escucharlo y ojos para verlo. Hago esta oración en el nombre de Jesús. Amén.

Acción: Si tú no has escrito mucho, comienza simplemente a garabatear en un cuaderno de apuntes personales. Hazlo a diario. Luego, extiéndete hacia la poesía o al cuento corto. Un buen lugar para comenzar es contar tu historia o ciertos aspectos de tu vida. "Me acuerdo del tiempo en que…".

Si eres un escritor veterano, te desafío a que profundices en tu escritura.

¿Qué es lo que quiero decir con eso?

Bueno, tal vez sea el momento de explorar un nuevo género. Siempre pensé que escribiría libros de fantasía épicos. Pero Dios fue conduciéndome para que escribiera los libros de dibujos para niños, ficción histórica, y ahora un devocional. Recuerda, no tiene que ser perfecto. Dios se encarga de eso. Simplemente escríbelo y plásmalo en un papel o en una computadora. Más allá de la finalización de un proyecto, se trata de la travesía en la que te darás cuenta que te has embarcado.

CAPÍTULO 37
VERDAD Y MENTIRAS

2 Corintios 4:4 (NTV) "Satanás, quien es el dios de este mundo, ha cegado la mente de los que no creen. Son incapaces de ver la gloriosa luz de la Buena Noticia. No entienden este mensaje acerca de la gloria de Cristo, quien es la imagen exacta de Dios".

LA VERDAD ES tan importante, tan valiosa, que satanás se aseguró de que permanezca atrincherada por medio de mentiras sobre más mentiras.

Mira el versículo de este capítulo. Si tuvieras el objeto más valioso de toda la creación encerrado dentro de una bóveda, ¿qué harías para protegerlo? Bueno, tú tienes lo más valioso de toda la creación. Se llama La Verdad.

Yo me imagino que las mentiras se parecen mucho a los "agentes" de la película *Matrix*. Protegen la verdad a toda costa, para que las personas conectadas a la matriz permanezcan como receptoras de mentiras, engañadas y para que sigan con sus vidas mundanas y carentes de sentido.

La Palabra de Dios es una lámpara a nuestros pies, ¿cierto? (Salmo 119:105.) Este versículo se torna fundamental en nuestro caminar. ¿Por qué? Porque sin la Palabra de Dios, volveremos a ser engañados. Dios ilumina nuestro camino, nos lleva hacia a la verdad y nos enseña cómo permanecer en la verdad.

Satanás también conoce La Verdad y no quiere que nadie más la sepa. ¿Qué hace para evitar que la encuentren? Con mentiras, pone una barricada alrededor de la bóveda que contiene la Verdad. Han pasado siglos, y cada día, se le agrega otra mentira a la entrada principal. Dichas mentiras le dificultan el camino cada vez más a cualquiera que intenta atravesar la barricada.

Ahora bien, no estoy diciendo que satanás tenga a Dios escondido en una bóveda. ¡De ninguna manera, nunca!

Permíteme hacerte una pregunta. ¿Por qué todos no creen en Jesús? Ahora, lee la cita bíblica de nuevo. Si tú no quisieras que alguien conozca la verdad, los desviarías engañándolos. Cambiarías su ruta. Si lo haces, harías que quieran ver (o ir) en la dirección opuesta. Entonces, si satanás es el "engañador", más te vale creer que él ha bloqueado "La Verdad" con una increíble cantidad de mentiras. Ha estado trabajando en esto desde el principio de los tiempos y no necesita dormir ni comer. Este engaño es su eje central. Y es tan inteligente, que incluso puede presentarnos la verdad que puede llevarnos más allá de la verdad "absoluta". Satanás usará la Palabra de Dios para engañar, redirigir, confundir, etc.

Nosotros vemos que esto sucede cada segundo de cada día, y noto que mucho de ello inunda nuestro mundo, a través de lo que se escribe. Cada año, se publican un millón de libros y el 99% de ellos están llenos de engaños, desorientación y desvíos. Son mentiras que intentan enterrar la Verdad.

Aquí es donde nosotros entramos en juego. Aquí es donde vemos la importancia del llamado que Dios nos ha hecho. Aquí es donde tomamos una posición y luchamos junto a nuestro Dios. Aquí es donde dejamos de fingir y comenzamos a escribir. Aquí es donde tomamos en serio lo que tenemos dentro y comenzamos a producir frutos del Reino. Aquí es donde declaramos que somos Escritores del Reino y lo probamos. Dios pelea sus batallas con nosotros. Él nos permite poner nuestro pellejo en el juego, y aquí es donde decimos de todo corazón: "¡Sí, y amén!".

¡Basta! ¡Ya es suficiente! En algún momento, debemos poner nuestro pie en el suelo y decir: "¡No vas a tomar más terreno, satanás!". Aquí es cuando levantamos nuestro bastón en el aire, tal como Gandalf en *El Señor de los Anillos*, para luego golpearlo contra el suelo y gritar: "¡No pasarás!".

Ahora bien, la batalla le pertenece al Señor, PERO tenemos que presentarnos con nuestra armadura, listos para ir a la guerra. Necesitamos mojar nuestras plumas en la tinta y golpear el papel como un maestro espadachín. En guaridas oscuras, hay historias por perseguir, allí donde ningún mortal se aventuraría a ir, y donde solo los Escritores del Reino, que conocen su llamado en la vida, estarán dispuestos a incursionar.

¿Eres uno de aquellos que describí anteriormente? ¿Eres de quienes persiguen la historia que está dentro de ti, para someterla a tu voluntad?

Oración: Señor Jesús, gracias por encender un fuego dentro de nosotros. Permite que el sonido del tecleado o de nuestro lápiz sobre el papel, genere chispa y encienda el combustible del destino, al interior de quienes leen lo que escribimos. Permítenos tomar de esa pasión de nuestra relación contigo, para impartírsela a quienes asimilan nuestras historias. Espíritu Santo, asóciate con nosotros, para que nos convirtamos en pescadores de hombres con nuestras palabras. Enséñanos, Espíritu Santo, a perseverar en medio de las distracciones de este mundo y danos la sabiduría para discernir las mentiras que satanás nos susurra. Cada vez que nos sentamos en nuestro escritorio y escribimos, vestimos nuestra armadura, listos para la batalla. Danos el valor para mantenernos firmes y no dejarnos mover por el enemigo. Hago esta oración en el nombre de Jesús, amén.

Acción: Escribe en tu cuaderno de apuntes personales, la fecha de hoy y escríbete a ti mismo que estás respondiendo al llamado que Dios te ha dado, como Su Escritor del Reino. Hoy es el día.

Después de escribirlo, permite que sea un pacto entre Dios y tú. Anuncia en voz alta, y en tu corazón, que escribirás todos los días hasta que culmines.

Empieza a escribir tu historia de inmediato. Ahora mismo. No lo retrases. Empieza a escribir. Quiero que escribas una página entera y que no te detengas hasta que hayas terminado. Deja que ese sea tu ritmo todos los días, hasta que tu tarea de escritura esté completa.

Sugerencias de Brae

CAPÍTULO 38
EL HÉROE Y EL CRISTIANO

LA MAYORÍA DE los escritores conocen las doce etapas de "El viaje del héroe" del libro de Joseph Campbell *El Héroe De Las Mil Caras*. Es una plantilla común para los cuentos que involucran a un héroe. El héroe se embarca en una aventura y, en una crisis decisiva, obtiene una victoria y luego regresa a casa transformado.

Como cristianos, podemos luchar con nosotros mismos, pensando que estamos lejos de ser héroes o tener dicho estatus. Es decir, no estamos luchando contra dragones o salvando damiselas en peligro.

¿O sí?

¿Acaso no luchamos contra el mal todos los días? ¿No ayudamos a las personas necesitadas siempre que nos es posible? ¿No estamos involucrados con el plan de Dios de alcanzar a las personas con el amor, el poder y la verdad acerca de la persona que Él es? ¿Acaso no estamos levantando nuestra espada, la Palabra de Verdad, entrenándola y blandiéndola en contra de nuestros enemigos? ¿No nos siguen las señales y los milagros a quienes tenemos fe? Jesús nos ordenó echar fuera demonios, sanar a los enfermos y liberar a los cautivos. Como escritores, ¿acaso no estamos luchando contra demonios y principados (Efesios 6:12) cada vez que nos sentamos a escribir?

Si ese no es un estado heroico, ¿entonces qué es?

Creo que es hora de darle una mirada -otro vistazo- honesto, a quién eres y a quién le perteneces. Somos gente victoriosa, sin importar lo que hagamos. Hemos heredado la victoria. Estamos injertados en la victoria. Somos más que vencedores, lo cual no significa que hemos ganado solamente una victoria, sino que las hemos ganado TODAS.

¿Por qué?

Porque nuestra identidad se halla en Jesús. Estamos en Él y Él está en nosotros. Somos hijos e hijas, ya no somos huérfanos. Ser cristiano, es *vivir* la travesía del héroe, de fe en fe. Nuestras vidas tienen sentido y propósito. Los 12 puntos del Viaje del Héroe son parte de nuestra travesía de fe.

Implementemos el Camino del Héroe en nuestra Travesía de la Fe, por medio de las doce etapas descritas:

1. **EL MUNDO ORDINARIO:** Antes de que supiéramos algo, estábamos perdidos dentro de este mundo ordinario, como un hombre o una mujer quebrantados. Éramos infelices e insatisfechos.

2. **EL LLAMADO A LA AVENTURA:** En algún momento, nos presentan a Dios o a la idea de Dios.

3. **RECHAZO DEL LLAMADO:** Pasamos por nuestra incertidumbre con relación al cristianismo o a Dios. Retrocedemos y nos alejamos de lo desconocido.

4. **ENCUENTRO CON EL MENTOR:** Muchos de nosotros tenemos a alguien en la vida que fue quien nos animó. Lo más probable es que haya sido un pariente, cónyuge, amigo, pastor o en -última instancia- los toques del Espíritu Santo.

5. **CRUZANDO EL UMBRAL:** Aquí es cuando caemos de rodillas como aceptación de lo que Jesús logró a través de la Cruz y de su resurrección.

6. **PRUEBAS, ALIADOS Y ENEMIGOS:** Jesús dijo que enfrentaríamos pruebas y tribulaciones. Nos encontramos con el desánimo, la persecución, los ataques espirituales, el rechazo y el sufrimiento, al tiempo que a lo largo de nuestra travesía, obtenemos amigos y mentores (y atrás quedan pesos y enemigos).

7. **ACERCAMIENTO A LA CUEVA MÁS ÍNTIMA:** Aquí es donde vivimos el descubrimiento de obstáculos internos con

respecto a Dios. Corresponden a las grandes preguntas de nuestro interior, aquellas que no sabíamos que teníamos, hasta que pasamos por el fuego de la fe.

8. **LA GRAN PRUEBA:** Elegimos la vida disciplinada (morir a uno mismo, poner a Dios en primer lugar y confiar en sus caminos).

9. **LA RECOMPENSA:** Aquí es donde descubrimos y captamos nuestra verdadera identidad en Cristo. Somos HIJOS e HIJAS del Altísimo, y no seremos conmovidos.

10. **EL CAMINO DE REGRESO:** Llevamos nuestra sabiduría al mundo ordinario del cual venimos. La aventura ha interiorizado las verdades, ya no somos los mismos y no queremos que los demás sigan siendo iguales.

11. **LA RESURRECCIÓN:** Las pruebas no se detienen, pero ahora nuestras pruebas también afectan a los que nos rodean. Llega una gran prueba que hemos temido, no contado, o que le pasa a alguien a quien amamos. Nuestra confianza en Dios se pone a prueba de una manera que antes nos habría separado.

12. **REGRESO CON EL ELIXIR:** Nuestra nueva identidad y vida triunfan sobre la Gran Prueba. Ahora podemos ayudar a otros a descubrir su identidad en Cristo.

Esta es una vista simplista de las doce etapas del viaje del héroe. Y, como algunos de nosotros sabemos, algunas de estas etapas ocurren repetidamente antes de pasar a la siguiente. A veces, las etapas se omiten por completo. Pero todos podemos llegar a estar de acuerdo en que estamos en la mayor aventura de nuestra vida con Dios. Hay mucho más para nosotros, si tan solo nos tomamos el tiempo de mirar. ¡El mundo quiere distraernos de verlo! Pero si puedes atravesar el mundo ordinario, verás el mundo extraordinario en el que Dios nos llama a vivir.

Acción: Escribe tu testimonio como un "Héroe" siguiendo las etapas presentadas anteriormente. Si alguna de ellas no te aplica, pasa a la siguiente. Diviértete recordándote a ti mismo que eres un verdadero héroe.

CAPÍTULO 39
¿QUÉ PIENSA DIOS DE PUBLICAR?

S EGÚN LA *CONCORDANCIA Strong*, en la Biblia, la palabra "publicar" es la palabra griega *diaggello* (ortografía fonética: de-ang-gel'-lo) que significa "publicar en el extranjero, proclamar". La definición es, "yo anuncio en todo el mundo, difundo noticias, notifico, enseño".

La definición de publicación también refuerza lo que debemos hacer. En todos los formatos, escritos y hablados, debemos anunciar en todo el mundo, difundir la buena nueva de Jesucristo. La totalidad de este libro está dedicada a los escribas y a la escritura, como Escritores del Reino.

Ahora bien, ¿tenemos que escribir sobre Dios en todo lo que hacemos?

No.

Algunos de ustedes podrían pensar que mi respuesta es una blasfemia. Pero uno de los libros de Dios en la Biblia, no lo menciona a Él en absoluto. También alberga la primera escritura, de nueve versículos que les presentaré a continuación.

Ester no habla de Dios. Pero Él se infunde por completo en sus acciones y en el libro como tal.

Como escritores, ¿qué nos muestra esto? Demuestra que podemos escribir historias que contengan profundas implicaciones que señalen hacia Dios, sin hablar de Él. *El Señor de los Anillos y Matrix; la Trilogía,* así como muchos otros, tienen un significado profundo al interior de la historia, que apunta hacia un Creador. Sin embargo, ninguno de ellos trata de forma explícita acerca del Creador. Dichas historias han llegado a millones y continúan utilizándose con regularidad en nuestra vida cotidiana (al hablar con la gente, en sermones, en ejemplos reveladores en libros y en artículos, etc.).

¿Qué piensa Dios sobre publicar? Nuestra Biblia está impresa. De hecho, como dije antes, la Biblia vende 50 copias por minuto y ha vendido más de 5 mil millones de copias. Él piensa algo muy relevante al respecto.

Creo que Dios nos dará estrategias para fortalecer la industria quebrada de las publicaciones, y que los escribas cristianos llegarán a la cima. Se requerirá de tiempo, compromiso y comprensión. Lo que construimos hoy, será lo que le entreguemos a la próxima generación.

He aquí hay nueve versículos que respaldan la publicación para el Reino.

*Ester 4:8 NIV - También le dio una copia del texto del edicto para su aniquilación, que había sido **publicado** en Susa, para mostrárselo a Ester y explicárselo, y le dijo que la instruyera para que fuera ante la presencia del rey para suplicar misericordia y rogar por su pueblo.*

*Daniel 6:10 NVI - Cuando Daniel se enteró de la **publicación** del decreto, se fue a su casa y subió a su dormitorio, cuyas ventanas se abrían en dirección a Jerusalén. Allí se arrodilló y se puso a orar y alabar a Dios, pues tenía por costumbre orar tres veces al día.*

*Daniel 6:12 NVI - Entonces fueron a hablar con el rey respecto al decreto real: ";No es verdad que Su Majestad **publicó** un decreto? Según entendemos, todo el que en los próximos treinta días adore a otro dios u hombre que no sea Su Majestad, será arrojado al foso de los leones. El decreto sigue en pie- contestó el rey: según la ley de los medos y persas, no puede ser derogada".*

*Ester 1:20 ASV - Y cuando se **publique** el decreto del rey, será oído en todo su reino, (porque es grande), todas las mujeres darán honra a sus maridos, desde el mayor hasta el menor.*

*Ester 3:14 RVR1960 – La copia del escrito que se dio por mandamiento en cada provincia fue **publicada** a todos los pueblos, a fin de que estuviesen listos para aquel día.*

*Ester 8:13 ASV - Se **publicó** a todos los pueblos una copia del escrito, y* tenía que darse a conocer en cada provincia, y así los judíos estarían preparados ese día para vengarse de sus enemigos.

Salmo 68:11 ASV - *El Señor emitió la palabra: las mujeres que* **publican** *las nuevas son una gran multitud.*

Salmo 79:13 AMP - *Así que nosotros, tu pueblo, ovejas de tu prado, te daremos gracias por siempre; declararemos y* **publicaremos** *tu alabanza de generación en generación.*

Jeremías 50: 2 AMP - *Declara entre las naciones. Levanten una señal [para difundir la noticia] -* **publíquenla** *y proclamen, no la oculten; digan: Babilonia ha sido tomada, Bel [el dios patrón] ha sido avergonzado, Marduk (Bel) ha sido destrozado. Las imágenes de Babilonia han sido avergonzadas, sus ídolos [inútiles] han sido derribados.*

CAPÍTULO 40
DISCIPLINA

- *Proverbios 12:1 "El que ama la disciplina ama el conocimiento, pero el que odia la corrección es estúpido".*

- *2 Timoteo 1:7 "Porque el Espíritu que Dios nos da, no nos vuelve tímidos, sino que nos da poder, amor y autodisciplina".*

Es como ir al gimnasio. Necesitas aclimatarte. Disciplina tu mente y tu cuerpo para alinearte con lo que eres como escritor. Deja que tu pasión por la escritura cobre vida. Adopta el ritmo de escribir todos los días. Empieza con una oración. Crece y vuélvela un párrafo. Acelera tu paso, al hacer una página por día. Cada capítulo será una historia corta. Conéctalas y se convertirán en un libro.

Las historias cortas son las migas de pan que conducen a las grandes. Si tratas cada capítulo como una historia corta y luego las conectas con varias, ¡cuidado!

En tu oficio, sé disciplinado. Toma clases, asiste a conferencias, atiende a talleres, lee muchos libros, que sean buenos y geniales. Incluye también un mal libro, para ver la diferencia y para saber, como escritor, de aquello que te mantienes distante. Podemos aprender de los demás y debemos aprender de otros.

Escribe a diario. Establece un horario. Sé diligente.

CAPÍTULO 41
Establecer Metas

- *2 Crónicas 15:7 "Pero tú, sé fuerte y no te rindas, porque tu trabajo será recompensado".*

- *Proverbios 16:3 "Pon en manos del Señor todas tus obras, y tus proyectos se cumplirán".*

ESTABLECE UNA META mensual y luego fija algunas metas anuales. Las metas nos ayudan. Por ejemplo, escribe metas como esta: "A finales de este mes, terminaré el primer capítulo de mi libro".

"Culminaré mi libro, a finales de este año".

Una vez que hayas anotado estos objetivos, mantenlos siempre frente a ti, para recordártelos. Así, comenzarás a trabajar para alcanzar y cumplirlos. Otros objetivos pueden ser encontrar un grupo de críticos, un grupo de escritores para animarse entre sí, recibir más formación, asistir a una conferencia o a un taller para escritores, encontrar un compañero de redacción o cualquier combinación de las anteriores.

Agenda tu tiempo para escribir.

Protege tu tiempo de escribir. No te excedas con el "sí". Esto significa que en algunos momentos tienes que responder "no", si se interfiere con tu horario de escritura. Tal vez se trate de una salida a cine con amigos o de una cena por fuera. Sin embargo, considero preciso decirte que no sacrifiques tu tiempo familiar o el tiempo con tu cónyuge, por causa de escribir tu libro. No me estoy refiriendo a eso. En primer lugar y por encima de todo, protege el tiempo de tu familia.

Acorta el uso de la televisión. Ese es un punto importante. Reduce tu tiempo en las redes sociales. Este tema, también permea al próximo capítulo, relacionado con la gestión del tiempo.

CAPÍTULO 42
GESTIÓN DEL TIEMPO

- *Efesios 5:15-16 "Mirad, pues, con diligencia cómo andéis, no como necios sino como sabios, aprovechando bien el tiempo, porque los días son malos".*

- *Juan 9:4 "Mientras sea de día, tenemos que llevar a cabo la obra del que me envió. Viene la noche cuando nadie puede trabajar".*

PROGRAMA TU TIEMPO con amigos y familiares: hazlo o siempre estarás hablando de terminar tu obra. Si me dieran un dólar por cada vez que escucho que alguien me dice que tiene un libro y que lo debe escribir, ya tendría todo solucionado de por vida.

Me entristece cuando escucho lo que tantos llamados a escribir tienen en su corazón y, sin embargo, nunca lo hacen. Allá afuera hay un cementerio de historias, algunas por resucitar, pero otras que nunca serán oídas, porque es la historia de una persona en particular, y nadie más la puede contar.

Este es tu tiempo. Esta es tu vida. Este es tu momento. ¿Qué vas a hacer? No caigas en la trampa de decir que no tienes tiempo. Sí lo tienes. Apagar la televisión, es lo más importante. Si te ves un programa, eso ya te quita una hora. En su lugar, apaga el televisor y escribe durante 60 minutos. Todo se resume en priorizar. ¿Qué es importante para ti?

Pero Brae, no entiendes, no tengo capacidad mental para escribir después de un largo día. Bueno, necesitas entrenarte para superar eso. Para hallar la libertad, necesitas cavar profundo. No seas perezoso, mantente activo. Recuerda, una oración al día se convierte en un párrafo, que a su vez se convierte en una página, que luego se convierte en un capítulo y que en últimas se transforma en un libro. Puedes hacerlo. Responde al llamado que Dios te ha hecho. Siembra en ello y coséchalo todo, para traerle gloria a Él. No se trata de nosotros, se trata de Él.

Planifica una de tus semanas. Toma cada día y escribe sobre la marcha: lo que estás haciendo y cuánto tiempo te tomó hacerlo. Escribe el nivel de importancia de lo que hiciste clasificándolo entre bajo, medio y alto.

Bañarse tendría un nivel de importancia alto. Es algo a lo que yo llamaría un "deber estático". Es algo que tienes que hacer. Al igual que comer. Pero, ¿qué pasa con la televisión? ¿Qué calificación tiene y cuánto tiempo te toma? ¿Qué dices de los videos de YouTube? ¿Qué sucede con las redes sociales? Si puedes ver un patrón en el que podrías dejar de hacer algo, y reservar dicho tiempo para escribir, incluso si el total es de 30 minutos, entonces, que el mundo se cuide.

En nuestras reuniones de la Asociación de Escritores del Reino (*Kingdom Writers Association*, N.T), doy premisas de escritura que se llevan a cabo en tan solo cinco minutos aproximadamente. Después, hacemos que la gente comparta lo que escribió. ¡He escuchado historias tan poderosas que me hacen llorar, o que hacen que me duela el estómago de tanto reír! Luego, les enfatizo a los asistentes todo lo que pueden representar cinco minutos de escritura. Es algo poderoso y tú necesitas encontrar el tiempo para hacerlo.

CAPÍTULO 43
GRUPOS DE CRÍTICA

- *Proverbios 15:31 "Si escuchas la crítica constructiva, te sentirás en casa entre los sabios".*

GRUPO DE CRÍTICA, lectores beta, editores, ¡ay, Dios mío! ¿Qué es un grupo de crítica? Es un pequeño grupo de escritores, que lee una pequeña parte del trabajo de los demás cada semana y le brindan retroalimentación a la persona. En ellos, te retroalimentan con respecto a tus escritos y también retroalimentas los escritos de otros. Pasar por ese proceso es hermoso, y también es difícil. Antes de presentarle al mundo nuestro trabajo, necesitamos recibir comentarios sobre él. Yo pasé más de dos años trabajando en mis dos primeros libros, por medio de la crítica de otros. Fue fantástico que mi trabajo se hiciera pedazos, en el buen sentido de la palabra, ya que necesitaba comentarios sólidos para mejorar mucho más mi labor. Convirtió mi voz pasiva en una voz activa, las oraciones que eran muy largas, con muchas palabras se detectaron vez tras vez, las que estaban mal formadas, sobresalieron como un pulgar adolorido, y finalmente el contenido de mi historia fue desafiado y pulido.

Los lectores beta son un grupo de personas a las que les entregas tu manuscrito, para que puedan leerlo y darte su opinión. Esto sucede cuando ya terminaste tu libro y lo rescribiste lo mejor posible. Necesitas lectores beta que te ofrezcan comentarios nuevos, para que puedas hacer una última pasada, antes de entregárselo a tu editor. Busca personas en las que confíes y pídeles que escriban notas y te den comentarios sobre la historia. No hay lío con la gramática, está bien, pero lo que en realidad pretendes hallar con tus lectores beta, son agujeros en tu historia. Necesitas saber si tu héroe es bueno y si tu villano es malo. ¿Tus personajes tienen sentido al interactuar entre sí y le aportan a la historia o le restan? Por lo general, a aquellos que me dicen que sí pueden leerlo, les imprimo copias y les doy una fecha límite para que me las retornen. Los animo a que escriban en la copia impresa que les doy, pues así sus notas volverán a mí. También me gusta tener una sinopsis general de parte de ellos, donde averiguo cuáles personajes les gustaron más o menos, si la historia es convincente y apasionante, etc.

La *última* etapa, la final, es contratar tu editor. Tú has hecho todo lo posible por tu libro. Es hora de dar el paso final. Contrata un editor. Como autor que se publica como independiente, esto será lo que más te cueste. Si consigues un contrato con un editor, lo más probable es que él/ella cuente con su propio equipo de edición para que revisen lo que escribiste. Una vez editado, no retrocedas volviendo a escribir las cosas, sin hacerlo de la mano de tu editor. De lo contrario, socava aquello que pagaste. Posteriormente, todavía tienes el deber de revisar la copia final editada, porque puede que encuentres pequeños errores o faltas de ortografía. Eso pasa, créeme. Para sacar un libro, se necesita un equipo. "Se necesita todo un pueblo, para criar a un niño".

CAPÍTULO 44
DESPOSEER

Jesús no echa fuera al demonio llamado Legión, sino que los "despoja". Los hombres no eran vaciados por Cristo, sino llenos y a tal punto, que los demonios ya no tenían espacio para ocuparlos. No se trata únicamente de recuperar algo, sino de ocupar el lugar donde aquello estaba. No dejas algo de lado, sino que consumes o heredas lo que solía ser.

Es una palabra increíble.

En la concordancia exhaustiva, una palabra definitoria me salta a la vista, y es *disfrutar*. La palabra *Desposeer* se relaciona con *disfrutar*. Disfrutar significa deleitarse o disfrutar, pero también significa poseer y beneficiarse de algo. Con Cristo en nuestro interior, hay un "disfrute". Somos Su posesión y en eso hay un disfrute. Un antónimo de *disfrutar* es *carecer*, por lo que con nuestro disfrute, no le tememos a la carencia. Cristo es todo lo suficiente para nosotros, y su morada no deja lugar para nada más que el disfrute.

¿Por qué menciono esta simple palabra en este devocional?

Quiero mostrar la profundidad de las palabras existentes.

Profundiza en el significado de las palabras y descubrirás un nuevo y rico nivel de escritura. Como autor, obtengo más autoridad a medida que exploro las profundidades de las palabras. Con ellas, puedo escribir una frase que le puede dar vida a quien la lea.

Acción: Estudia la definición de la concordancia Strong de *"desposeer"*, que para tu comodidad, encontrarás a continuación. Ahora, busca una palabra que te guste y haz una búsqueda en Google de la definición bíblica, y mira qué aparece. Compara también esa definición con otras definiciones tradicionales. Pídele al Espíritu Santo que te guíe a su verdad con respecto a esa palabra. Por último, diviértete explorando, a medida que las palabras adquieren nuevos significados para ti, cada vez que viajas para comprenderlas. Ya no volverás a tomarte una palabra al pie de la letra.

Concordancia Strong: Hebreo

3423. yarash - tomar posesión, heredar, **desposeer**

... yarash o yaresh. 3424. tomar posesión, heredar, **despojar**. Transcripción:

yarash o yaresh Ortografía fonética: (yaw-rash ') Definición corta: poseer...

Concordancia exhaustiva de Strong

Echar fuera, consumir, destruir, desheredar, desposeer, expulsar, disfrutar, expulsar,

O yaresh {yaw-raysh'}; una raíz primitiva; ocupar (expulsando a los inquilinos anteriores y poseyendo en lugar de ellos); por implicación, apoderarse, robar, heredar; también expulsar, empobrecer, arruinar-echar fuera, consumir, destruir, desheredar, desposeer, expulsar expuls(-ando), **disfrutar**, expulsar, X sin falta, (dar, dejar para) heredar (-herencia, -o) + magistrado, ser (hacer) pobre, llegar a la pobreza, (dar, hacer) poseer, obtener (tener) en (tomar) posesión, apoderarse, tener éxito, X por completo.

CAPÍTULO 45
TODO HOMBRE ESTÁ PERDIDO

"Todo los hombres están perdidos. Ellos simplemente deciden si están perdidos en este mundo o en Él".
- Brae Wyckoff

DIOS ENCUENTRA A los perdidos únicamente para que se pierdan en Él.

Declaraciones como estas, son las que crean dentro de mí una tormenta de fuego poética-molesta-loca. Deambulamos por este mundo sintiéndonos perdidos y asustados, pero cuando nos volvemos a Jesús, deambulamos en Él.

Hay una cita asombrosa de San Jerónimo, "Las Escrituras son lo suficientemente superficiales para que un bebé venga y beba sin temor a ahogarse, y lo suficientemente profundas para que los teólogos naden sin tocar el fondo".

Esto me muestra cuán accesible es nuestro Dios. También me indica que Su profundidad no tiene fin. Cuando pienso en los tiempos en que era ateo y vivía mi propia vida, recuerdo la manera en que el mundo me aburría en muchos aspectos. Yo estaba perdido dentro de mí mismo, y mi "yo" era un ataúd. Dios me dio la vida y, sin embargo, yo elegí vivir por cuenta propia. Simple y llanamente, continué existiendo dentro de mi piel, sin ningún propósito y sin idea de la persona que Él había creado para que yo fuera. Gracias, Jesús, por ser tan paciente y perseguirme.

Cuando finalmente lo escuché llamar mi nombre, no caminé ni di un pasito. Salí CORRIENDO de esa tumba.

En esta vida, nos aferramos a lo que somos o nos aferramos a lo que fuimos. Perdámonos total y locamente en Él. No podemos llegar al fondo, tal como teoriza San Jerónimo, pero con certeza podemos intentarlo. Es en el intento, en la travesía, donde encontramos mucho más que en el final de la aventura.

Acción: Planifica un viaje con el Señor. Ora y pídele a Dios que te muestre a dónde quiere llevarte. Puede que sea al otro lado del mundo, o al final de la calle de tu vecindario. Disfruta del proceso, del viaje, de pasar por la planificación y ejecución de tu viaje con Dios. Tengo certeza que Él te hablará como escritor que eres, y te mostrará las cosas que de forma eventual, estarán en tu libro o en cualquier escrito que estés llamado a escribir. Ahora bien, este viaje podría ser el próximo mes o podría ser el próximo año. Puede que no tengas el dinero, pero no pienses en eso. ¡Planifica como si tuvieras los recursos! ¿Por qué? Porque cualquier cosa que Dios te muestre y hacia donde te encamine, en el momento adecuado, Él te va a proporcionar lo que necesitas. Este es un viaje de fe y da miedo, pero la recompensa es que Dios está contigo. Y no te dejará. Es hora de que te pierdas en Él.

CAPÍTULO 46
LA DEPRESIÓN ES REAL

"Si tu destino permanece enterrado, entonces se convierte en algo "inquietante"; en una sustancia que te pesa y que puede convertirse en depresión". - Brae Wyckoff

LA DEPRESIÓN ES real.

Creo que todos hemos luchado contra ella de alguna forma, mientras que a otros los ha superado. En realidad, pienso que dentro de cada persona hay un anhelo, un tirón desde lo más profundo de nuestra alma hacia algo más. Nos agarramos para descubrir qué es eso "más". Soñamos con eso. Lo pensamos. Habitamos en ello. Entre tanto, permanecemos callados y sin voz, porque no sabemos con exactitud cómo expresarles con palabras lo que sentimos a quienes nos rodean. Cuando no podemos formular cuál es ese llamado ante los demás, podemos correr el riesgo de cerrarnos lentamente a él. La vida trae clavos y en últimas un martillo, para sellarnos al interior de nosotros mismos, y no salir jamás.

Cuando esto sucede, nuestro destino queda sellado y metido en ese ataúd, y nosotros lo vemos descender con lentitud hasta el suelo. En todo el sentido de la palabra, en nuestro corazón realizamos el servicio fúnebre. Creemos que nuestro llamado nunca estuvo destinado a ser, que fue un cuento de hadas, que era para otra persona.

Mientras nuestro destino esté enterrado en dicho ataúd dentro de nosotros, atormentará nuestro paso por la vida. Durante la travesía de nuestra existencia, algo se detonará, agitando también nuestro destino.

Él empieza a tocar, luego a golpear, y luego a dar fuertes golpes desde el interior de nuestro ataúd.

Nuestro destino se convierte en una inquietud que se cierne sobre nosotros, y su peso nos conlleva a la depresión.

Pero Dios es el que resucita. Él es el único que puede devolverle la vida a nuestro llamado. Y lo hace a través de *nosotros*. Podemos ser de aquellos que colaboren con Él. De igual forma, Él puede colaborar con nosotros, para traer la Pala de la Esperanza, desenterrando el ataúd. Y al estar juntos, Dios nos ayudará a usar la Palanca de la Fe para sacarle los clavos a la tapa. ¡Con Dios, nada es imposible! Y nuestro Dios está en el negocio de resucitar a los muertos.

CAPÍTULO 47
¿QUIÉN ERES TÚ?

"Conoce quién eres antes de ayudar a los demás. Aprende quién eres, mientras los ayudas". - Brae Wyckoff

NECESITAMOS ENTENDER QUIÉNES somos en Cristo. Eres un hijo/hija de Dios, y el conocimiento de esta verdad debería triunfar sobre todo lo que te rodea. Concéntrate con intensidad en el hecho de que fuiste llamado antes del principio de los tiempos, antes de ser concebido en el vientre. No fallarás, a menos que elijas no dar un paso hacia lo que eres en Cristo, e incluso si así fuera, TODAVÍA eres Suyo, para siempre. Dios tomó una decisión cuando llamó tu nombre, y tú respondiste al llamado. Pocos respondieron, pero tú lo hiciste.

A medida que comprendas las ramificaciones de la increíble realidad, entonces y solo entonces podrás ayudarles a otros a asumir su llamado en verdad. La realidad es simple pero poderosa: que tú tienes a Dios en tu interior, que Él reside dentro de ti, que donde quiera que vayas y pongas tus pies, llevas el Reino de Dios. De forma continua, estaremos aprendiendo y creciendo en Cristo, PARA SIEMPRE.

La mentira consiste en creer que podemos entender toda la verdad en este mundo. La única verdad que necesitamos entender es esta: Dios nos ama, envió a Jesús, su hijo, a morir por nosotros, Él resucitó y quienes creen en Jesús, son salvos. A partir de ahí, el mundo se abre para que podamos ayudar a los demás. Cuando comenzamos a ayudar a los demás, Dios nos enseña más sobre nosotros mismos. De hecho, cuando ayudamos a otros, podemos aprender quiénes somos en Él, a un nivel mucho más profundo.

El crecimiento que he experimentado al ayudar a los demás, es una locura, es mayor al que he vivido al escuchar un sermón o leer el último libro más popular. Los viajes misioneros son una forma fantástica de acelerar tu crecimiento. Entre más caminamos con Dios, no solo en nuestra conciencia, sino de forma física con Él, más aprendemos acerca de lo que somos. Él es Dios, tu Padre y aprecia todos los momentos que pasa contigo, incluso cuando ayudas a otros. Quizás, cuando estás ayudando a otros, su aprecio se acentúa de manera especial. Él es un buen Dios y quiere lo mejor para ti.

Acción: Escribe acerca del momento (o momentos) en que tú le ayudaste a alguien en algo. Pero a medida que lo haces, explora con Dios las razones que te motivaron a ayudarlos. ¿Qué intenciones tenías al hacerlo? Profundiza en Dios, para desarraigar cualquier problema de orgullo que quizás desconocías. Busca lo mejor de ti, indagando en tus motivaciones y haciéndote preguntas difíciles para llegar a la verdad. Luego deja el orgullo, y pídele al Señor que mientras escribes te ayude, para pasar por encima de tu agenda, y que lo que escribes sea sellado con la Suya.

CAPÍTULO 48
Tesoro Escondido

"En cada montaña, hay tesoros". - Avery, 5 años

En cada montaña, hay tesoros.

En cada persona, hay un tesoro.

Mi nieto Avery, una vez hizo un dibujo de cuatro montañas. Para entones tenía 5 años. Me lo mostró y procedió a decirme que era un mapa del tesoro. Lo miré y lo afirmé diciéndole "bien hecho", pero luego me di cuenta de que faltaba algo. Le pregunté: "Si este es un mapa del tesoro, ¿dónde está la "X" que indica el lugar para que podamos encontrar el tesoro?".

Me miró, contemplando lo que había dicho, luego tomó el dibujo y caminó hacia la mesa sin decir una palabra. Pasaron unos segundos y volvió donde estaba. Revisé la imagen y noté una "X" en cada montaña. Replicó: "Abuelo, aquí está el tesoro. Está en cada montaña".

En ese preciso instante, el Espíritu Santo me mostró de inmediato el significado que estaba detrás de las palabras de mi nieto.

Dios nos ha dado un don a cada uno de nosotros, y esto es algo que debemos entender. En ocasiones, encontrar dicho tesoro requiere de mucha excavación, mientras que otras veces, tenemos el oro justo frente a nosotros. También debemos entender que el tesoro de todos es distinto. Aquí resulta muy apropiado el dicho de que "la basura de un hombre, es el tesoro del otro".

1 Tesalonicenses 5:11 dice: "Por eso, anímense y edifíquense unos a otros...".

Hay poder en alentar. Es tanto el poder, que creo que animar, es la excavadora necesaria para desenterrar el tesoro que se encuentra dentro de la gente. Alentar puede agitar algo interno que pudo haberse quedado dormido. No me refiero a un "buen trabajo" o una palabra de aliento como "bien hecho". Al contrario, me refiero a un ánimo del tamaño de Dios, por medio del cual tú llamas al exterior el destino de otro.

Este ánimo puede surgir en forma de una palabra profética, una palabra de conocimiento o una palabra de aliento, y todas provienen de Dios. Te conviertes en un conducto para expresar Su amor por esa persona. Recuerda, somos embajadores de Cristo. Representamos al Rey y al Reino. En última instancia, todo nuestro ánimo, apunta de manera enfática hacia Jesús y le da a esa persona la oportunidad de elegir a Cristo.

Como escritores del Reino, no hay duda alguna de que necesitamos aliento.

Los Escritores del Reino necesitan una mentalidad diferente a la que tienen los escritores del mundo. Por medio de los Escritores del Reino, Dios orquesta todo para que las relaciones y las personas entren a nuestras vidas, y nos lleven al siguiente nivel. Como escritor, debes estar siempre atento a quién te pone Él en el camino. Nada es coincidencia, aunque también debes ser sabio y tener discernimiento. Mantente en constante oración. Anima a quienes te rodean y observa lo que sucede.

Cambia la palabra "tesoro" por "historia" en la frase del presente capítulo. En cada montaña, hay una "historia". Aquellos llamados a escribir requieren de ánimo, de la excavadora, para cavar profundo y desenterrar al narrador, al contador de historias que tienen dentro. Tú podrías ser la excavadora que desbloquea el próximo éxito en ventas que yace dentro de alguien. J.R.R. Tolkien le da crédito a su amigo C.S. Lewis por animarlo a escribir y publicar su pequeña historia sobre los Hobbits.

Bueno, ya todos sabemos lo que pasó con ese gesto de aliento.

Acción: Al perseguir tu carrera como Escritor del Reino, no pases por alto las personas que Dios pone a tu alrededor. Pídele al Señor que te revele, quiénes son tus animadores. O, si los tienes (y sabe quiénes son), pídele al Señor que los bendiga de manera poderosa.

CAPÍTULO 49
Pensamientos Finales

Escribir NO es un HOBBY y tampoco debería serlo para aquellos que han sido llamados al ejército de escribas de Dios. Para nosotros, escribir no es una mera pasión, sino algo que tenemos que hacer. Dios no quiere que simplemente escribas, sino que también quiere que seas parte de una comunidad de escritores. La relación es mucho más importante que la asignación, y Dios no nos da la asignación, sin construir las relaciones.

Tolkien dijo acerca de Lewis: *"Durante mucho tiempo fue mi único público. Él fue el único que me dio idea de que mis "cosas" podrían ser más que un pasatiempo".*

Hay una palabra acuñada por los Inklings: *Resonador.*

Un Resonador es alguien que se alinea con el trabajo de otro como escritor. No los aplacan ni los hacen sentir bien, sino que les ejercen presión a las obras de las personas, para que sean lo mejor que puedan ser. El Resonador defiende a las personas que Dios le ha traído a su alrededor. Ayuda a otros a través del discipulado, la tutoría, el aliento, el equipamiento y de ver que la persona alcanza el éxito. Un Resonador no busca recompensa o reconocimiento para sí mismo, sino que imparte libremente todos sus conocimientos y habilidades a quienes lo rodean.

¿Acaso existirían *El Señor de los Anillos, Las Crónicas de Narnia, El Mero Cristianismo, Las Cartas del diablo a su Sobrino,* sino fuera por la relación que estos hombres tenían y por el ánimo que se dieron entre sí en su grupo conocido como los Inklings?

C.S. Lewis luchó contra el desánimo, la ansiedad, el miedo y la duda. Su primer deseo fue escribir poesía, pero el rechazo sacudió su confianza. El desánimo y sus dificultades de salud, golpearon a Lewis al tratar de publicar su primer libro. Los Inklings, conformados por más de una docena de hombres, se reunían cada semana y se animaban unos a otros. De no haber sido por dichos encuentros, creo que hoy en día no tendríamos los libros que produjeron. Ahora bien, de ser cierto esto, ¿cuántas historias asombrosas se encuentran hoy en la tumba, porque el escritor no tenía un grupo con el cual reunirse, ni un resonador, ni tampoco aliento? Y en cambio, ¿cuántos fueron, devorados por el mundo?

No te dejes tragar.

Busca un grupo con el que te puedas involucrar. Inicia tu propia reunión grupal. Rodéate de otros que quieran escribir. Conviértete en el resonador que ellos están buscando. Tú te animarás, a medida que animes a los demás.

Uno de los nombres que tiene Dios es Avance. Él es el Dios del avance. Hoy en día, hay más gente viva, que en toda la historia. Como nunca antes, en el presente necesitamos un avance.

El rey David aprendió acerca del hierro y de la fabricación de artículos con hierro, por medio de sus enemigos. Después, usó este conocimiento en la fabricación de armas para derrotar a esos mismos adversarios. Aquello que el enemigo del presente controla con respecto a la publicación y la escritura, se pondrá de rodillas, cuando nosotros tomemos nuestro lugar como Escritores del Reino.

Dios nos está llamando a hacer presencia y a darle la talla a nuestro llamado. Dios quiere que nos apropiemos de nuestro destino. Él quiere que lo poseamos, no que lo alquilemos o lo arrendemos, o peor aún, que lo deseemos y tengamos la esperanza de alcanzarlo.

El avance no ocurre únicamente de forma milagrosa. Nuestro avance está planeado por Dios. Él ha establecido nuestro avance con firmeza en su lugar, y debemos dar un paso hacia él. Deja que tu pasión te lleve hasta allá. Todo lo que has pasado en la vida, te ha preparado para tu gran avance. Dios no causó la oscuridad por la que pasaste, pero con toda certeza, la usa para llevarte hasta tu destino.

Rhonda, una de nuestros miembros de la KWA (en español,

Asociación de Escritores del Reino), se me acercó y me dijo: "Siento que alcancé mi destino". Vaya, qué profundo. Su declaración me estremeció.

Algunos de nosotros alcanzamos nuestro destino cuando somos jóvenes, y otros cuando estamos mucho más avanzados en nuestras carreras de la vida. Hay otros que nunca llegan allí, y al cementerio donde reposan los destinos, se le añaden más.

En algún momento de nuestras vidas debemos tomar una posición. Debemos decir que ya es suficiente de la monotonía de la vida y clamarle a Dios: "¡Quiero mi destino!".

Yo le clamé a Dios muchas veces, pero el momento más significativo fue a finales de 2010. "Dios, ayúdame a escribir este libro que está dentro de mí. Necesito sacarlo de allí. Ayúdame. No puedo hacerlo sin ti".

Escuché que Su voz contestaba: "Está bien, lo escribiremos en 2011".

Eso marcó el rumbo de mi destino. Finalmente lo alcancé. No era que Él no escuchara mis oraciones anteriores o que me ignoraba, era que tenía una línea de tiempo específica para mí y yo la encontré. Sus caminos realmente no son nuestros caminos. Recuérdalo. Disfruta la aventura con Él.

Escribimos ese primer libro en 2011. *The Orb of Truth* (en español, El Orbe de la Verdad, N.T) fue un trabajo de 20 años y se publicó en 2012. Esa fue mi primera victoria. No sabía que estaba siendo preparado para el lugar donde ahora estoy. No tenía idea de que les enseñaría a miles de otros escritores a contarle al mundo historias maravillosas, creativas y que cambian las vidas.

Creo que es hora de que consigas tu primera victoria. Necesitas una. No te dejes atrapar por la fama y la fortuna. Ponte al día con Dios. Ponte al día con tu destino.

Pon en práctica lo que has aprendido a través de este libro. Usa lo que el Espíritu Santo te ha impartido por medio de este escrito y a lo largo de toda tu vida.

Estoy orando por ti y por tu victoria como Escritor del Reino.

Quiero ver la plenitud de Dios obrando a través de ti para alcanzar miles, millones de vidas. Oro para que más Porteros de las ciudades de todo el mundo, den un paso al frente para enseñar y equipar a otros Escribas del Reino. Un Portero, es alguien que protege su ciudad y a los escritores que la componen. Ellos oran por su ciudad. Oran por los escritores cristianos que están aislados y solos. Los porteros terminan convirtiéndose en la respuesta a la oración de otros escritores. Será frecuente que oigas que otros dicen: "Estaba orando por un grupo como este. Estaba orando para que alguien como tú, apareciera en mi vida".

Espero y oro para que este libro te anime a lo largo de los años venideros. Oro para que el Espíritu Santo invada tu corazón y tu mente, para que escribas historias que nunca podrías haber imaginado por cuenta propia, pero lo más importante, oro para que encuentres un grupo de "resonadores" en el que escribas con alegría, todos los días de tu vida.

Escritores del Reino, ¡que la FUERZA SANTA esté con ustedes!

Me encantaría saber de ti, sobre lo que has aprendido, publicado y experimentado. Envía tus testimonios visitando www.BraeWyckoff.com

Por favor, deja una reseña en Amazon y en Barnes & Noble. Los comentarios le ayudan a otros a tomar la decisión de comprar, y lo más importante, es que como autores, tus palabras de aliento son importantes para nosotros. Son el combustible para que sigamos escribiendo y bendiciendo a los demás.

Si deseas unirte a la Asociación de Escritores del Reino (en inglés, *Kingdom Writers Association,* N.T), visita nuestra página web:

www.KingdomWritersAssociation.com

Tenemos reuniones mensuales, talleres, conferencias anuales, avances (también conocidos como retiros) y más. Tenemos miembros de todo el mundo y de Estados Unidos, que se unen a nuestra comunidad en línea, junto a cientos de personas que forman parte de KWA aquí en San Diego, California.

¡Dios te bendiga!

Bibliografía y Permisos

Capítulo 2: Te Enviaré Escribas

Los foros en línea han sugerido: 1.000 a 5.000 libros publicados en Amazon por día.

Capítulo 3: Imítame

Biblia vende 50 libros por minuto

http://weeklyworldnews.com/headlines/49070/top-7-bible-facts/

6 mil millones de copias y contando

https://thebibleanswer.org/bibles-sold-each-year/

Capítulo 15: El # 1 en Ventas

Biblia completa traducida a más de 500 idiomas

Nuevo Testamento en más de 2.800 idiomas

Información de Wikipedia: https://en.wikipedia.org/wiki/Bible_translations

Música: 1 millón de canciones lanzadas cada año (información tomada de Google en foros)

China construye teatros -10 al día

https://youtu.be/Y6cLAJkVkAY

Woodlawn Keynote: This Is Our Time

Se publican entre 600.000 y 1 millón de libros cada año (las búsquedas en Google te llevarán a esta información en muchos foros)

Bowker publicó que en 2017, se publicaron 1 millón de libros de manera independiente.

http://www.bowker.com/news/2018/New-Record-More-than-1-Million-Books-Self-Published-in-2017.html

Información de Wikipedia sobre autores/libros: los más vendidos

https://en.wikipedia.org/wiki/List_of_best-selling_books

Broadway - obras de San Diego

https://www.sandiego.org/articles/theater/broadway-bound.aspx

Capítulo 22: Addison's Walk

Permiso otorgado por la Fundación C.S. Lewis

CARTA A ARTHUR GREEVES por C.S. Lewis © copyright C.S. Lewis Pte Ltd.

Capítulo 38: El Héroe y el Cristiano

The Hero's Journey de Joseph Campbell: El Héroe de las mil caras

Capítulo 49: Pensamientos Finales

Libro de Bandersnatch- Resonators- Inklings

Bandersnatch por Diana Pavlac Glyer y publicado por The Kent State University Press / Black Squirrel Books (8 de diciembre de 2015)

Capítulo 49: Pensamientos Finales

Cita de Tolkien a Lewis tomada del blog Inklings & Influences

http://www.cslewis.org/blog/inklings-influences/

"Durante mucho tiempo fue mi único público. Él fue el único que me dio idea de que mis "cosas" podrían ser más que un pasatiempo".

Acerca del Autor

BRAE WYCKOFF ES un autor galardonado y aclamado a nivel internacional, nacido y criado en San Diego, California, USA. Desde 1993, ha estado casado con su bella esposa, Jill, tienen tres hijos y seis maravillosos nietos.

Hoy en día, Brae viaja por el mundo con su esposa, capacitando y equipando a las personas en los caminos de Jesucristo, y les ha ministrado a miles, tanto a nivel local como en el extranjero. Es el fundador del ministerio internacional The Greater News (TGN), donde reporta milagros extraordinarios que acontecen alrededor de todo el mundo. La página de Facebook de TGN tiene más de 40.000 miembros y llega a más de 40 países de todo el mundo.

En la actualidad, Brae es el Director de la Asociación de Escritores del Reino (en inglés, *Kingdom Writers Association*) con sede en San Diego (California), trabajando con escritores de todos los niveles para alentarlos y capacitarlos, de modo que sigan su vocación como autores. Brae organiza reuniones mensuales de escritores, a las cuales invita autores que ya han publicado y a otros que no, para fortalecer a los asistentes y estimularlos en su pasión por la escritura. KWA tiene una conferencia anual llamada Kingdom Creativity Conference (Conferencia de Creatividad del Reino, N.T), donde han podido contar con la participación de oradores destacados y reconocidos, como William Paul Young, autor de La Cabaña, Lynn Vincent, catalogada como autora de éxito en ventas por el New York Times gracias a El Cielo es Real, Peter Berkos, ganador de un premio Oscar y muchos más.

En septiembre de 2017, Brae llevó a un equipo de escritores a Oxford, Reino Unido, para recorrer las calles de grandes genios literarios como C.S. Lewis y J.R.R. Tolkien. Realizó un entrenamiento para escritores de una semana en St. Aldates, a solo 30 metros de distancia de donde J.R.R. Tolkien dictó clases durante más de 20, años en Pembroke College. Brae sigue enseñando y equipando a escritores, y realiza avances anuales para escritores en todo el mundo. Contáctalo si estás interesado en emprender una de sus aventuras.

BraeWyckoff@gmail.com

Otros Libros De Brae Wyckoff:

Libros Infantiles para mayores de 2 años
The Unfriendly Dragon (el Dragón que no era amigable, N.T)
(votado como el mejor libro para niños, el #1) - Artista de Disney,
Seth Weinberg
The Mountain of Gold

Serie De Fantasía Épica Para Adultos Jóvenes (Serie Más Vendida de Amazon)
The Orb of Truth (El Orbe de la Verdad, N.T): Libro # 1 de la Serie
Horn King
The Dragon God (El Dios Dragón, N.T): Libro #2
The Vampire King (El Rey Vampiro, N.T): Libro #3

Ficción Histórica
Demons & Thieves (Demonios & Ladrones, N.T) (ganó el Premio A
Los Libros Favoritos De Los Lectores)

* Disponibles en Amazon y Barnes & Noble
** La mayoría de los títulos están en todos los formatos de libro electrónico,
tapa blanda, tapa dura y en audible.com*
www.BraeWyckoff.com